中华传统美德教育丛书

磨难篇

磨难篇

MONANPIAN

编著⊙吴乐平 陈光全

长江出版传媒 | 湖北教育出版社

（鄂）新登字 02 号

图书在版编目（CIP）数据

磨难篇/吴乐平，陈光全编著.
—武汉：湖北教育出版社，2012.9（2020.11 重印）
（中华传统美德教育丛书）

ISBN 978-7-5351-1816-5
Ⅰ.磨…
Ⅱ.①吴… ②陈…
Ⅲ.①品德教育-中国-通俗读物 ②故事-作品集-中国-当代
Ⅳ.①D64②I247.8

中国版本图书馆 CIP 数据核字（95）第 10853 号

ZHONGHUA CHUANTONG MEIDE JIAOYU CONGSHU MONAN PIAN
出版发行 湖北教育出版社
邮政编码 430070 电 话 027-83619605
地 址 武汉市雄楚大道 268 号
网 址 http://www.hbedup.com
经 销 新 华 书 店
印 刷 天津旭非印刷有限公司
开 本 710mm×1000mm 1/16
印 张 8.5
字 数 135 千字
版 次 2012 年 9 月第 2 版
印 次 2020 年 11 月第 5 次印刷
书 号 ISBN 978-7-5351-1816-5
定 价 16.00 元

序

我们的国家是一个有着五千年悠久历史的文明古国。在漫长的历史长河中，中华民族的一代又一代人，用自己的聪明才智，创造了辉煌灿烂的历史文化，形成了极为丰富的中华传统美德。

这些美德曾经在我国社会历史发展过程中凝聚、教育和鼓舞了中华儿女，成为中华民族生存、发展的强大精神力量。这些宝贵的精神财富，例如在个人品德中的崇高志向、刚直正派、诚实守信、自强不息、节俭不奢、经挫不馁，在处理人与人关系中的尊老爱幼、邻里互助、扶困济贫、舍己为人，在社会公德中的敬业守职、尊师重教、奉公守法、礼貌谦让，在政治品德中的勤政爱民、秉公执法、自尊自强、爱国御侮等，时至今日仍然强烈地渗透在现实生活中，对人们的思想、行为起着不可忽视的重要作用。

中华传统美德是在长期的历史实践中逐步形成的，是社会主义思想道德的重要组成部分。毛泽东同志曾经说过："我们是马克思主义的历史主义者，我们不应当割断历史。从孔夫子到孙中山，我们应当总结，继承这份珍贵的遗产。"因此，加强对中华传统美德的研究，对中华儿女进行传统美德教育，是社会主义思想道德教育的一项重要内容，也是推动社会主义精神文明建设的有效途径。

青少年是祖国的未来和希望，肩负着建设社会主义现代化强国这一光荣而艰巨的历史使命。对他们来讲，了解中华民族的传统文化和美德不仅能帮助他们塑造优秀人格，而且有助于他们树立正确的理想、信念和人生观、价值观，把他们培养成为有理想、有道德、有文化、有纪律的社会主义事业接班人。这既是广大教育工作者的重要职责，也是社会各界的共同责任。

为了加强对青少年的思想品德教育，让广大青少年了解和熟悉中华传统美德，湖北教育出版社的同志提出了编辑出版《中华传统美德教育丛书》的选题，并具体组织了这套丛书的编撰工作。

这套丛书由一批长期从事青少年教育工作的同志撰写。他们经过调查研究，密切结合当前的实际和青少年思想品德教育的要求，在从上古到辛亥革命的历史跨度里，以中华民族的传统美德为主线，分10个专题，选择对青少年有教益、可读性强的人物故事，分别集结成册，并配以生动活泼、富于智慧的阅读提示，精心构思和编写了引导青少年思维发散和提升的"动脑筋"内容，以事论理，以情动人，全面、系统地介绍了中华民族传统美德的精华。

我相信，这套丛书将对青少年，尤其是中、小学生，在了解中华民族传统美德的基本内容，增强他们的民族自豪感和自信心，提高思想道德素质等方面必将起到很好的促进作用，也会对学校的思想品德教育产生积极的影响。

王重农

目录

contents

磨难篇

自古英雄多磨难

“贫贱忧戚，玉汝于成。”这是我国古代流传的一句名言。这句话的意思是说人生道路中总会遇到各种各样的困难和逆境，这些困难和逆境，常常可以成为砥砺人才锋芒的砺石。

首先，生活中的逆境可以说是绝对的。所谓绝对，从横的方面看，逆境人人都会遇到，不是遇到这种，就是遇到那种；不是遇到大坎坷，就是遇到小曲折。从纵的方面看，无论是自然界，还是人类社会，在其发展过程中，总有艰难曲折，任何人都不可能在一生中总是时时称心如意，一帆风顺。

这个道理十分简单。人生活在大自然，既享受着它的一切恩惠，也承受着它的一切打击。比如各种自然灾害，洪涝、干旱、地震、台风……这些磨难不时袭击人类。人们正是在同这些艰难困境的搏斗中获得生存与发展的。

另外，人又是生活在社会中，自从人类社会出现阶级之后，残酷的阶级剥削和压迫、疯狂的掠夺和战争、险恶的政治漩涡、复杂的人事倾轧、激烈的权力竞争，常常把人抛入黑暗的深渊。本书中的这些人物就是从这些逆境中向我们走来的。

锻炼出美器，磨难出英雄。在中华民族漫长的历史中，不少杰出人才在实现自己的人生价值和人格理想的奋斗过程中，都十分重视人的磨炼，在许多先贤看来：逆境是造就人才的一种特殊环境。在逆境中奋斗可以使人的精神深化早熟，可以使人更深入地接触人民、观察了解社会，可以锻炼人的意志和毅力。自古雄才多磨难，从来纨绔少伟男。打开这本小册子，我们就可以看到，一个人的成长和发展的道路不可能是平坦而又笔直的。在中华民族几千年的文明史上，既有鲜花芳草，也有荆棘。许许多多优秀的人常常是在逆境中和磨难考验下探索前行的。屈原被放逐才赋《离骚》、孙膑遭膑刑而成大业；韩信受胯下之辱终于成为大将军，皇甫谧身残反倒写成了不朽的医学名著。例如，司马迁继承父业，立志著述史书。不料他正在着手编写《史记》的时候，祸从天降，遭“李陵之祸”，被迫辍笔。但他志在编史，宁愿受辱，身遭腐刑，幽而发愤，经过十余年的艰苦奋斗，遂写成“究天人之际，通古今之变，成一家之言”的鸿篇巨制——《史记》。再如宋代文学家范仲淹，两岁丧父，其母改嫁，生活艰辛，境遇恶劣，但他昼夜苦读，在艰难的环境中发愤成才……

可见，在历史上留名的人，有许多是在逆境中奋勇前进而达到成功的彼岸的。他们或是失意于政治生涯，或是煎熬于生活苦海，或是挣扎于传统偏见，或是奋战于自然灾害，或是发愤于失败之中。他们最终得以成功的秘诀就在于：朝着预定的目标，砥砺于多种难以想象的逆境之中，奋战逆厄，迎难而上，终于成淬火之钢、傲雪之梅，经无数磨难，受许多考验，成罕世之才。

在我国古代，关于人的磨难的论述也相当多。其中最有名的莫过于孟子的话：“天将降大任于斯人也，必先苦其心志，劳其筋骨，饿其体肤，空乏其身，行拂乱其所为，所以动心忍性，曾益其所不能。人恒过，然后能改，困于心，衡于虑而后作。”这其中的“苦其心志，劳其筋骨，饿其体肤”，其实就是指人所面临的种种来自现实生活的磨难，比如贫穷、苦难、欺辱，乃至生理缺陷等等。此外，这句话所表达的也是关于意志锻炼和正确对待磨难的一种思想。作为战国时期儒家学派伦理思想家的孟子，在这段话中十分深刻地提出了道德修养中的一条规律，即在实践中不断磨炼和提高自己的意志与道德品质，才是造就一个有作为的人的必备条件。孟子认为，一个人的道德、聪明和才智，都是从艰苦和患难的锻炼中得来的。他还说过：“人之有德慧术知者，恒存乎疢疾。独孤臣孽子，其操心也危，其虑患也深，故达。”意思是说，人之所以有道德、智慧、本领和才能，经常是由于他处于灾患逆境之中；那些孤立的臣子、出身卑贱的人，能够时时处处提高警惕，考虑患害比较深刻，所以他们往往通晓事理。俗话说：“生于忧患，死于安乐”也是讲的这个道理。忧愁患害足以使人生存，安逸快乐足以使人死亡。人常在困难忧患中生活成长，本书里描述的百里奚、范仲淹、陆羽等担任大事的人，都是曾在艰苦的环境中成长起来的。这些在历史上取得过杰出成就的人物，最初都是处于极其艰苦的环境之中，但是，他们并没有在艰苦环境面前畏缩、沉沦，而是发愤图强，废寝忘食，在艰苦环境中自觉地锻炼自己，使自己具有强健的体魄、坚忍的毅力、不屈不挠的意志，以及过人的胆略和智慧。从某种意义上来说，如果没有昔日的逆境磨炼，就不能塑造完善的人格，也就不可能有后来的成功发达。

经历磨难，在磨难中锻炼成长，不仅对于古代先贤具有重要作用，作为个人成功的重要条件、个人修养的重要途径，同时也是作为一个人为人处世的重要精神支柱之一，对于今天肩负着中华民族伟大复兴事业接班人这一光荣历史使命的广大青少年朋友来说，也是大家人生征途中必然会遇到并且需要不断越过的关口。因此，我们应当以中华民族历史上那些不畏磨难、意志坚强的优秀人物为榜样，时时刻刻注意在日常生活中磨炼自己。从小立志做一个坚强的、有自制力的、毫不畏惧逆境的人。从本书的故事中，青少年朋友除了可以从他们的精神中受到启示外，还可以从他们在实践中所采取的对付磨难的方法中得到启示，那就是要善于自己控制自己、主动找苦吃，从一点一滴做起，永远保持乐观、昂扬的生活态度，持之以恒，坚持到底等等，从而练就超人的毅力和顽强的精神。这就是对付磨难的最好办法。

最后，还想说一下，由于本书的旨意是介绍古往今来中华历史上一些志士仁人不怕磨难，在逆境中奋进的事迹，因此编写时也就考虑从我国古代群贤中选择了四十多位人物，将其事迹按照这一特定的角度加以浓缩、选编成册，而这些志士仁人的故事和精神当然远不止于这一个方面。这是青少年朋友在阅读本书时必须注意的。

从奴隶到宰相

阅读提示

百里奚是春秋时人，有经天纬地之才却一直不得志。他曾在齐国讨饭，在宋国被排挤，在晋国做奴隶，后又亡命楚国，放牛放马，真可谓悠悠七十载，历经苦难多。后来秦穆公看中他有丰富的阅历，对他的“人老志不衰”很欣赏，就任命他为相。百里奚借助这一机遇，登上政治舞台，在治国安邦方面显示出卓越的才华，留下了“蹉跎七旬老为相”的千古佳话。

讲故事

楚国边境上。

一辆秦国的囚车已从楚地出发，向着通往秦国的大道奔驰。车子跑得很快，路面上有些坑坑洼洼，车子颠簸得很厉害。坐在囚车里的“囚犯”，面目黑瘦，须发皆白，看上去是一个饱经风霜的老人。

囚车驶过，自然会引起人们的注意。沿途旁观的人纷纷猜测，秦国为什么要到楚国抓人呢？这里面一定会有什么秘密？

囚车过了楚界，进入到秦国的辖区，然后经过一个又一个驿站，一直开到秦王主持国政的殿堂大门前才停下。守卫人员揭开囚车的门，将“囚犯”直接领进大殿。秦穆公当即起身，亲自迎接。此时一些不知内情的人，更觉得奇怪：“这个囚犯究竟是什么人？为什么秦王要亲自迎接？”

站在秦穆公面前的这个老头，其实不是囚犯。他的名字叫百里奚。借用囚车把他从楚国弄到秦国来，是一个计谋。

百里奚是春秋时期虞国人，从小家里很穷，只得漂泊流浪，30 岁才娶了媳妇。妻子认为丈夫有才干，鼓励他外出谋事。

于是，百里奚来到齐国，想求见齐襄公，因为无人引见，只好靠要饭过日子。不久，他流落到宋国，也未找到称心的事，只是结交了一位名叫蹇叔的朋友。

后来百里奚又回到虞国，经人举荐，当上了虞国大夫。虞国国君因贪小便宜，不听劝告，被晋国灭掉。百里奚被晋军俘虏，做了奴仆。（当时凡是当了俘虏，要么被当场杀死，要么终身为奴。）

不久，晋献公有个女儿要嫁给秦穆公。公主出嫁的那天，晋献公除准备了大量财宝作陪嫁外，还选了一批奴仆。这些陪嫁的物品和人，按照名称、数量，写在一份礼单上，在奴仆这一项中，就写有百里奚的名字。

迎亲仪式结束后，秦穆公对照礼单，清理物品，一样不缺。清理人时，却没有百里奚。秦穆公就对晋国的使臣说："怎么没见百里奚的影儿？"

使臣答道："百里奚是虞国的大夫，是被晋国俘虏后当了奴隶的。百里奚在路上逃跑了。他是个很有本领的人，可惜怀才不遇，没有地方施展自己的才能。"秦穆公听了，立即派人打听百里奚的下落。过了不久才听人说，百里奚跑到了楚国在一个地方当"牛倌"。

原来百里奚不想到秦国服役。他在送亲的路上，趁周围的人不注意，就从陪嫁奴仆的行列中逃跑了。当逃到楚国边境时，楚人把他当作奸细抓住了，强迫他去放牛放马。

既然使臣说百里奚是个难得的人才，秦穆公就想立即得到他。他想派一个人去楚国，用重金把百里奚赎回来。

公孙枝献计说："这样不妥。楚国人是因为不了解百里奚的才学，才让他放牛的，您要是用重金去赎，楚国人就知道了他的重要，还能让他走吗？"

秦穆公听后觉得有理，连连点头，于是他派了使臣，带了五张羊皮（在当时，相当于一个奴隶的价格），到了楚国，参见了楚成王后说："我国的奴仆百里奚，犯罪逃到了贵国，我们想把他带回去治罪，希望能得到您的允许。"楚王见秦国用五张羊皮换一个老奴隶，满口应允，立即派人去抓住百里奚，装上了囚车。

现在百里奚已经站在秦穆公的面前。

"你有多大的年纪？"秦王问道。

百里奚说:“已经70岁了。”

穆公叹口气说:“可惜太老了。”百里奚回答说:“大王,让我冲锋陷阵,同猛兽搏斗,无疑是老了。可是要商讨国家大事,出谋划策,那又何以说老呢?大王难道没有听说周文王访姜太公的事吗?那一年姜太公已经80岁了。”

秦穆公见百里奚气度不凡,十分机敏,就同他讨论富国强兵的大计,百里奚慷慨陈词,分析形势,提出了使秦国富强的方略。穆公听后十分高兴,就拜百里奚为相。

以后百里奚出谋献策,秦穆公都认真采纳,并加以实施,促使秦国迅速地发展、强大起来,以至于最后为秦王嬴政完成统一中国大业,都起到了一定的奠基作用。

动脑筋

(1)百里奚受到的打击层出不穷,然而任何打击都没有把他摧垮。这与他表现出的“人老志不衰”有什么关系?从这个故事中我们应当汲取什么样的精神营养?

(2)古人说,“自古雄才多磨难”。读完百里奚的故事,谈谈你对这句话的理解和感受。

无辜蒙难与为民雪恨

阅读提示

春秋时期的楚平王是一个暴君。他诛杀了伍子胥的父兄后，又派兵追捕伍子胥。伍子胥为了逃出虎口，焦虑过度，竟在一夜之间白了头发，成为历史上传诵的著名故事。本篇写了他的遭遇以及他为父兄报仇，为人民雪恨的故事。

讲故事

伍子胥又叫伍员，是春秋时期楚国大臣伍奢的小儿子。他本是楚国的一员大将，又有一定的音乐才干，很善于吹排箫，真可谓是文武全才。然而，暴君楚平王在位时，他的才能不仅不能得到发挥，反而屡遭人妒忌，同他父兄一起备受迫害。

楚平王干了不少坏事，他非常宠信一个叫费无极的奸臣。费无极专门出坏主意。他对楚平王说："最近大臣伍奢说了您不少坏话，不如把他和他的两个儿子伍员、伍尚调到边疆去算了。这样，就没有人再敢捣乱了。"

楚平王听信了费无极的话，就把伍奢父子三人都支派到边疆去了。

有一天，楚平王平白无故地要废掉太子建，但又怕太子建的老师伍奢不同意。他就按照费无极的诡计，把伍奢召了回来。

一见到伍奢，楚平王就责问说："有人告你和太子建要谋反，你知罪吗？"

伍奢说："你是国君，却尽干坏事。我好心劝你，你不但不听，还诬陷我造反。你相信奸贼，杀害忠良。你的心肝长在哪里？”

楚平王见伍奢敢当面顶撞他，不由大怒，便大声叫道：“来人啦，快把伍奢推出去砍了！”

“慢！”旁边闪出奸臣费无极。他叫人先拉走伍奢，然后对楚平王说：“伍奢的两个儿子都很有本领。现在他们又在边境上，万一闹起事来，是很麻烦的。您看是不是……”他在楚平王身旁说出了一条奸计。

不久，伍尚、伍员都收到了伍奢的信，信中叫他们赶回国都。两个人捧着信商量开了。伍尚说：“父命不可违，应当马上回去。”伍员却说：“不能回去，回去就上了楚平王的当，一家人会被杀绝。”兄弟俩争来争去，谁也说服不了谁，最后只好分道扬镳。哥哥伍尚回国都了。这时太子建已带领儿子公子胜逃到邻国，于是弟弟伍员就去找太子建。

楚平王见只有伍尚一个人回来，就把他抓了起来，然后又派人去抓伍子胥。

伍子胥跑到一块荒地上，忽然听到车马嘶鸣声。他回头一看，发现追他的车子越来越近了，跑是跑不掉了的。伍子胥心一横，张弓搭箭，一箭射死了赶车的士兵。车上的官员吓得跳车就跑，伍子胥赶上前去，拔出宝剑指着他脑袋说：“我可以杀死你，但是留你一条狗命，好回去报告昏君。如果他敢杀我的父亲和哥哥，我就把楚国灭了，亲自砍下楚平王的头！滚吧！”

这个官员回去一一禀报了。楚平王听后怒气冲天，立即下令把伍奢和伍尚杀了，然后又派大批人马去追杀伍子胥，并把伍子胥的画像挂在各个关口，出了布告：谁能捉住他，可以领重赏；藏着他，全家杀头。

伍子胥昼伏夜行，这一天，终于来到吴、楚交界的昭关。正当他大步流星赶路时，忽然听到有人叫他的名字。伍子胥连忙抽出宝剑，定睛一看，原来站在他面前的是老朋友东皋公。

东皋公不等伍子胥开口，连忙把他请到自己家里，然后又把楚平王悬赏缉拿他的事细说了一遍。

伍子胥一听，差点没吓出一身冷汗。他想：“幸亏碰上老朋友，不然就糊里糊涂地白搭了一条命。”他转念又想：“既然追捕和防范得这么紧，我如何能出逃呢？”伍子胥又犯愁了。

东皋公说：“你就别愁了。我有一个朋友，长得很像你。等他来了，让他装扮成你先走，然后你再走，这样不就安全了吗？”

伍子胥没办法，只好住了下来。可是一晃时间又过了五六天，东皋公的朋友连个影子也没有。第七天晚上，伍子胥一夜没有合眼，急得在小屋里走来走去，身上好像有无数的小刺在扎，头上好像在冒火，一直到东方发白。伍子胥走到镜子前一照，他自己大吃一惊，因为这一夜过度着急，头发、胡子都变白了。

就在这时候，东皋公的朋友来了。东皋公见伍子胥白了头，反倒高兴地说："这下可好了，我们等的人也到了。你看，他的身材和你差不多，你们两个换换衣服，叫他冒充你。你又白了头发，打扮成个老头，就可以混出关了。"

伍子胥怕连累人家。东皋公指着朋友说："你放心，官兵捉到他，一看认错了人，就会把他放了的。"

就这样，伍子胥逃出了昭关。他又向前赶了一程路，来到一条大河边。有一个老翁划着一条小船逆水而来。伍子胥想请他渡河，但又不敢招呼。此时，他灵机一动，从身上取出排箫来吹，乐曲是一首情意恳切的楚歌。意思是："我要过江，摆渡人呀！请行行好，将我渡过去吧！"箫声呜呜咽咽传进了老渔夫的耳朵。他听懂了楚歌的意思，正准备靠岸，却发现上游岸边有人窥视，便机灵地轻声唱着渔歌，暗示伍子胥等待时机。

日头照，江水碧，
渔网眼多看透底。
老夫捕鱼江中转，
日落将去芦之漪。

伍子胥从老渔夫的渔歌里，得知江岸有人，白天渡江不方便，老渔夫将在天黑时到芦苇丛的江边渡江，于是伍子胥赶快躲到芦苇丛中。等到日近黄昏，伍子胥来到芦苇丛尾端的江边，只见老渔夫划船而来，口里仍唱着渔歌：

鱼满仓，日已夕，
收网回家笑微微。
再不渡江待何时，
"芦中人"呀在哪里？

老渔夫唱完，船正好靠岸，伍子胥登上渔船，老渔夫迅速把船划到江东。老渔夫说："你就是楚平王悬赏捉拿的伍子胥将军吧？听说楚王无道，杀了你的父兄，又想杀害你，大家都替你担心呀！现在我把你渡过了江，这里是吴国地界，您就放心吧！”伍子胥万分感激，取下价值百金的七星宝剑，要送给老渔夫，以报答他的救命之恩。老渔夫怎么也不肯收，只说：“我用不着，你留着为父兄报仇吧！”当伍子胥问老渔夫的姓名时，他只是说：“我称你‘芦中人’，你就叫我‘渔丈人’好了。”伍子胥再三拜谢后，就辞别“渔丈人”走了。

几年之后，伍子胥果然打回来了。那时楚平王早已死了，据说被埋在一个湖边。伍子胥挖开他的坟，可是里边没有尸体，只放着一些衣服和几件兵器，气得伍子胥直跺脚。

这时，走过来一个老人，告诉伍子胥：“平王的坟不在岸上，是在湖底。他把修坟的人都杀死了，只有我一个人逃了命。将军把他挖出来，狠狠揍一顿吧。不但给您的父兄报仇，也为那些被冤死的修坟的民工们报仇！”

伍子胥叫人把湖水抽干，终于找到了楚平王的坟墓，挖出他的尸体，摆在广场上，抡起鞭子狠狠地抽了300鞭，又把他的眼睛挖出骂道：“你白白长了两个眼珠子，不认得谁好谁坏，光相信那些奸臣的阴谋诡计。你杀了多少好人，你犯了多大的罪啊！”

伍子胥一生备受迫害，磨难甚多，但却从不消沉，而是苦待时机，重振大业，后来重返楚国，为民雪恨，受到后世人的崇敬和怀念。

动脑筋

(1)这个故事一直在民间广为流传。人民同情和称颂伍子胥，而被咒骂的则是残暴无耻的楚平王。你读了这篇故事后，从中受到了什么启迪？

(2)请你向长辈做些调查，了解一下他们对伍子胥有什么看法。

劳苦功高的巧匠

阅读提示

鲁班在民间百姓中有口皆碑，被视为智慧的化身，好像他掌握了发明的宝葫芦似的，想要什么，就能发明什么。其实，鲁班（前507—前444）是在贫民家中长大的，出身低贱，从早到晚，年复一年，含辛茹苦地在外面做工。除了遇到种种难关外，有时还遭到别人非难和讥讽。鲁班并不示弱，而是迎难而上，凭着他那一双勤劳、灵巧的手以及乡亲、家人的帮助，创造了一件又一件木工工具。两千多年来，土木工匠一直把他尊奉为"祖师"。

讲故事

鲁班，本姓公输，名般（"般"和"班"同音，古时通用）。因为他是鲁国人，所以人们常称他为鲁班。

鲁班的祖先几代人都是工匠，生活贫苦，地位低贱。那时中国还处在奴隶社会，生产工具落后，生产水平十分低下。一个做工的人拼命干活，也只能糊一个人的嘴。在这种情况下，公输家中的长辈和小辈、男的和女的常常组成"家庭工程队"，一齐出外谋事，才能维持生计。

鲁班从小跟随"家庭工程队"走村串户，辗转于修房盖屋、修路架桥的工地上。大人们做什么，他就看什么，有时还帮忙递递工具。每当遇到工程任务重、工期紧张得忙不过来时，鲁班还帮忙做些力所能及的小件活。日子一长，他看得多了，动手练习的机会也多了，再加上父母的悉心指点，鲁班也就掌握了一套生产劳动的真本领。

鲁班渐渐长大了，成了家，娶了一位又聪明又温柔的妻子，名叫云儿。由于家父过早逝去，鲁班就成了“家庭工程队”中的掌墨人。

寒来暑往。一年四季鲁班一家人在外面做工，尽管受够了苦和累，但全家老小相互关心，日子过得挺和睦。鲁班特别敬重母亲，母亲也十分怜爱儿子。每当鲁班干活用墨汁放线时，母亲就帮着儿子拉住墨线头。鲁班感到，母亲年岁一年一年大了，老站着吃不消。为了让老人家不再操劳，鲁班就开动脑筋，想出了在墨线头上拴一个小钩，放线时用小钩钩住木料一端，就可以代替用手拉线，从此弹墨线再用不着母亲帮忙了。后世木工把这个小钩取名为“班母”，以纪念鲁班的这个创造。

鲁班和妻子也相亲相爱，传说伞就是由鲁班的妻子云氏发明的。她看到丈夫和一家人成年累月在外面给人盖房，雨淋日晒，十分辛苦。她就动脑筋，做了一把把伞，让丈夫和一家人出门做工时带上，可以遮日避雨。直到今天，伞仍然是人们日常生活中不可缺少的用具。

鲁班的发明比妻子要多得多，如木工使用的锯、曲尺、墨斗、刨子、钻子、凿子等等。每一件发明创造都凝聚着艰辛，经历曲折，甚至付出了血的代价。就拿发明锯子来说吧。有一年鲁班接受了建筑一座大宫殿的任务，需要的木料很多，但是工程限期很紧。鲁班让徒弟们上山砍伐木料，当时用斧子砍，工效很低。每天工人累得筋疲力尽，木料还是远远供应不上，耽误了工程进度。鲁班心里着急，就亲自上山察看，上山的时候手指突然被茅草拉了一道口子，鲜血直淌。鲁班很奇怪，一根茅草为什么这样厉害？他忘了伤口疼痛，聚精会神地研究起茅草来，发现茅草的边上长着许多锋利的细齿。当他带着这根茅草继续上山时，又看见一群蝗虫在吃草。他捉住一只蝗虫看看，发现它的牙齿也有许多细齿。这两件事使鲁班受到启发。回家后，他用竹片制了一副竹锯，但竹锯虽然可以锯木头却不耐用。于是他又和铁匠一起制作了一把铁锯，果然又好用又结实。锯就是这样发明的。

鲁班心灵手巧，名气越来越大，自然会遭到别人的讥讽。有一次鲁班要在一块木板上雕一只彩色的凤凰。人们听说后都一窝蜂地跑来观看。

鲁班先在木板上勾出轮廓，画好比例，然后不慌不忙地雕刻起来。

当凤头、凤爪还没有雕成，羽毛也还没有刻完的时候，围观的人就七嘴八舌议论开了。

▲鲁班发明锯子

看见凤凰头的人，撇撇嘴说：

“刻的哪里是什么凤凰呀，简直像公鸡。”

看见凤凰身子的人，斜斜眼睛说：

“雕的一点也不像凤凰，倒像只又丑又笨的鸭子。”

其余的人也指指点点地附和着说：

“还是有名的鲁班呢，真丢脸啦！瞧那笨手笨脚的样子，还想雕凤凰呢！”

鲁班听了这些讥笑并没有停止工作，反而更加努力地雕刻着。

围观的人，觉得没多大意思，便三三两两地散去了。只有一位白胡子老头仍在津津有味地欣赏着。

没过几天，彩色的凤凰雕成了。人们从四面八方赶来观看。

只见凤凰翠绿的冠子高高耸立，鲜红的爪子闪闪发光，还有那一双明亮的眼睛、彩色缤纷的身子以及鲜红美丽的翅膀都雕刻得十分传神。

更引人注目的是，鲁班把雕成的凤凰拿到屋外放到一张桌子上，只用刻刀轻轻一点，彩凤立即拍打着翅膀，腾空飞起，在天空中回旋飞翔，三天三夜不肯降落。

这样一来，所有围观的人都齐声称赞，拍手叫好。曾经讥笑过他的人，也不得不佩服鲁班了！

二千四百多年来，人们世世代代传诵着鲁班发明创造的故事。他是劳苦功高的巧匠，永远会受到人民的热爱和敬仰。

动脑筋

鲁班生活贫困、含辛茹苦地劳作以及不怕讥讽，这些对于他在事业上取得成功有什么关系？

受过"膑刑"的卓越军事家

阅读提示

这篇故事讲的是孙膑。他是战国中期时的齐国人。孙膑青年时代学习兵法，成绩冒尖，后遭别人嫉妒，被骗到魏国，处以膑刑，割掉了膝盖骨，导致终生不能行走。尽管孙膑的身体残疾了，但他的意志却更加坚强。不久，孙膑从魏国回到齐国，当了军师。他常常卧在担架上，亲临前线察看敌情，指挥作战。此外，他还在立、坐都难于支撑的情况下，发愤写了《孙膑兵法》，在中外军事史上堪称奇绝。

讲故事

孙膑生在齐国的阿地（今山东阳谷境内），是孙武的后代。因青年时代受过"膑刑"，世人便称他为孙膑。

"膑刑"，就是将膝盖骨剜去。孙膑是受庞涓诬陷而蒙受这种屈辱的。庞涓是魏国人，也是孙膑的同窗学友。他们都拜在鬼谷子门下为弟子，主攻兵法。鬼谷子这个人，上知天文，下知地理，博学多才。通过他悉心传授，二人都有不少长进。而孙膑各方面的成绩和才能，更居于庞涓之上。他们学习结业后，便辞别老师，各自返回故土。

庞涓回国后，正赶上用人之时，魏惠王马上委任他为将军。然而庞涓有一个"心病"，他深知自己的才能不如孙膑，如果不除掉这个心头之患，自己带兵跃马又怎能称雄于群国呢？庞涓想到这里，就假惺惺以老同学的名义，把孙膑推荐给了魏惠王。孙膑到魏国后，庞涓常常在魏王面前说他的坏话，后来又采用栽赃诬陷的手法罗织罪名，把他监禁起来，并剜去了他的膝盖骨，还在他脸上刺字。从此以后，孙膑就不能走路了。作为一个堂堂男子，被害成了这个样子，孙膑怎不悲痛欲绝呢？然而，孙膑没有就此倒下去，他把仇恨埋在心里，表面上装成疯疯癫癫的样子，而暗地里却在想方设法返回祖国。他决心把自己学到的兵法奉献出来，为国扬军威。

机会终于有了！有一次，齐国使节到魏国办理外交事务，孙膑便请求使节帮助，逃出了虎口。

孙膑回国后，齐国将军田忌如获至宝。田忌知道孙膑具有卓越的军事才能，便推荐给齐威王，拜为军师。孙膑上任后，先是策划了“围魏救赵”，在桂陵这个地方，将跋涉回救的魏军装入“袋内”，杀伤过半。

桂陵之战十余年后，孙膑又诱引气势汹汹的庞涓于马陵道。这个地方到处是高耸的山峰，山坡上长满了茂盛的树木和杂草。齐军先期赶到这里。孙膑命令将士砍倒一些大树，堵塞魏军前进的道路，还选择了一棵十分显眼的树，刮去了树皮，在上面写了“庞涓死于此树之下”8个大字。

一切准备就绪后，孙膑就命令部队用草木蔽体，隐匿在马陵道两旁的山坡上。

庞涓正趋军前进，忽闻探子报信：“前面有树木挡住了去路。”庞涓心想，孙膑一定是怕我追上，才砍倒这些树的。他正要下令让士兵继续追击，突然发现路旁有一棵未砍倒的大树，上面好像有一行模糊的字迹。当士兵燃起火把一照时，庞涓看清了字，不禁失声叫道：“天灭我呀！”他的话音刚落，一阵乱箭雨点般射来。箭过之后，只见四面八方的齐军一齐冲下山来。庞涓知道自己身陷重围，无法脱身，就拔剑自杀了。这次由孙膑策划和指挥的马陵之战，共消灭魏军十万余人。

孙膑辅佐齐王，在军事上取得了一系列胜利。同时他还拖着残疾的身躯，用坚强的毅力，整理祖传兵法。那时的书写工具，哪像现在这么方便？加上他是一个残疾人，不仅站不住，连坐也坐不稳，要著书立说，其困难程度是可想而知的！据史书记载，他每天只写几行字。但是孙膑身残志坚，坚韧不拔，勤奋努力，终于写成了《孙膑兵法》。

《孙膑兵法》总结了战国中期以前的战争经验，继承和发展了《孙子兵法》的思想，在世界文化典籍中实属稀世珍宝。

动脑筋

(1)孙膑被剜去了膝盖骨，为什么还能战胜庞涓，并且写出了《孙膑兵法》这部重要的军事文献？

(2)司马迁说："孙子膑脚，《兵法》修列……发愤之所为作也"。这句话是什么意思？

读“蒲草书”而闻名的专家

阅读提示

“蒲草”，是香蒲的茎叶。它长在水中，形状扁平，叶片比较长。西汉时期的路温舒，因家贫无书，就在蒲草上想主意。他用小刀、竹签在叶片上写字，把书的内容写在上面，随身携带。这个牧羊娃，通过读“蒲草书”，后来成了西汉时期的法学家。

讲故事

我国西汉时期有个名叫路温舒的人，生于巨鹿（今河北省境内）。因家中贫穷，未跨过学校的门。为了帮助父母，减轻家庭负担，增加收入，温舒从小就在野外牧羊。与他同龄的孩子，有的出身富户人家，除了吃得好，穿得好以外，每天还背着捆着“竹简”的书箧去上学。对此，他心里十分羡慕。小温舒常常想：“蓝天之下，绿草地上，我如果能一边放羊，一边读书，那该多好啊！”

小温舒的梦想要成真，谈何容易！因为那时一本书的价值十分昂贵。穷苦家庭的人，就是不吃不喝，也买不起。既然小温舒的家不可能有藏书，那就向别人去借书，这样行不行呢？即使有些好心的人肯帮忙，然而借来的书又大又重，一个牧羊娃是不可能搬到野外去读的。我国古代西汉时期的“书”，不是用纸张印刷的，而是用竹子做成的（不出竹的地方则用木片）。制作的方法是，先将竹子削成片，经过一番整理，再把文字刻在上面，称为“竹简”，最后用牛皮或绳子把一片一片的简编连起来，形成“册”。一“册”书多少不一。一般的书，大约有3000支“竹简”，要两个人抬才抬得动。

怎样才能实现自己的愿望呢？小温舒想来想去没有办法。他的心里十分烦恼。

有一天，路温舒赶着羊群来到一个池塘边，看见那里长着一丛丛蒲草，又宽又长。他灵机一动：蒲草这么宽，不是很像抄书的竹简吗？用它不是一样可以写字、做成书吗？这样的书，不仅不用钱买，并且比用竹简做成的书轻便得多，牧羊时就可以带在身边阅读。于是他割了一大捆蒲草背回家进行加工，切成跟竹简一样长短的片子，然后向别人借来书，挤时间把书的内容抄写在蒲草上面，编联起来，做成一册一册的蒲草书。

有了蒲草书，路温舒就不愁没书读了。他每次出去牧羊，身边都带着这种书。一边牧羊一边读。读完一本，再抄一本，这样学习了一段时间，温舒获得了不少知识。以后，他托人帮忙，做了一名监狱中的差役。这期间，他又刻苦钻研律令，从而掌握了比较渊博的法学知识，很快就由差役提升为监狱长。每当县里发生了什么大案或疑难案子，在断案时都要听取他的意见。

路温舒还上书汉宣帝，提出了“开天下之口，广箴谏之路”，“守仁义，省刑罚”等主张。其大意，就是要广开言路，提倡臣民对朝政进行批评和建议；要积极宣传道德规范，引导人民自觉地崇尚和履行仁义，犯法的人就会大大减少。他的这些主张，对推动当时社会的发展和历史的进步都起到了积极作用。

由于在法律方面颇有建树，路温舒被誉为西汉时期著名的法学专家。

动脑筋

(1)现在已进入计算机时代，完全不必再去模仿读“蒲草书”了。然而，路温舒家贫更奋发读书的精神，仍然值得我们学习。你读了这篇故事后，受教育最深的是什么？

(2)路温舒是怎样变不利因素为有利因素，积极为自己创造学习条件的？

不屈的魂灵

阅读提示

在中国历史上，曾有过一位年轻有为的改革家贾谊。他为了自己的理想献出身躯，和大多数遭受厄运的改革家相比，唯有他没能亲身经历剔除病体毒瘤时的快乐。他留给世人的仅仅只有“可怜夜半虚前席，不问苍生问鬼神”的叹怜。

讲故事

在屈原自投汨罗江之后约一百年，也就是汉文帝当政的初期，我国北方的中心城市洛阳出现了一名英才，他十七八岁便能诵述诗书，博通百家，并写得一手好文章，而且见识非凡，因此深受河南郡守的器重。根据他的建议，河南郡治理得有条不紊。公元前 180 年，19 岁的汉文帝初登帝位，即把这位年仅 21 岁的青年知识分子贾谊征召入朝，命为博士。

汉初时，皇宫任命的博士多是年老识多的学者。他们的任务是掌管宫廷典籍文献，以备皇帝随时咨询。年轻的贾谊意气风发，想大干一场，充分施展自己的治国才华。日子一久，一些朝臣就有些怨恨他。每当文帝的诏命初成付议，诸老博士欲语不能时，只有贾谊站出来说出自己的见解，为老博士们解围。但老博士们却不仅不感激他，反而到皇帝那儿告黑状。所幸这时汉文帝还十分信任他，总是驳回谗言，还破格提拔他为太中大夫。

汉初社会数十年积存下来的矛盾很多。农民破产，诸侯谋反，边境骚乱。

面对这种内忧外患的状况，贾谊建议皇帝更改沿用多年的繁苛的秦代律令，并且亲自草拟出关于礼仪、典章、官制改革的方案。汉文帝出于求治之心和爱才之情，打算进一步提升他为公卿。

这时，早已积怨于心的朝臣们再也忍耐不住了。一位年仅二十多岁的后生居然要跃居三公之位？平时那些相形见绌的博士们串通一气，由一个靠耍把戏取媚于皇帝，靠吮疮舔痔以博得皇帝信任的佞臣邓通领头，起草了一份诬陷书，罗列了贾谊的若干条“罪状”，指责他“纷乱诸事”“专欲擅权”。

这份材料引起了年纪尚轻，没有定见的汉文帝的疑虑。他下令罢免了贾谊的京官职务，把他贬到长沙，做长沙王吴差的太傅。只身流落湘江之畔的贾谊这才感受到200年前屈原的精神磨难。他写下《吊屈原赋》来寄托自己的哀思。

3年的流落生活过去了。一个偶然的机会，贾谊重新被召回长安。他去朝见文帝的那天，适逢文帝刚举行完祭祀仪式，话题就由祭祀转到鬼神上来。二人晤谈至夜深，文帝渐渐被贾谊的宏论所吸引，分手时就让贾谊做了自己儿子刘楫的老师。

刚刚从所经受的意外打击后抑郁不平的心情中解脱出来的贾谊虽然胸怀大志，富有韬略，但此刻却只能执掌教鞭。他在教育文帝爱子的同时，密切地关注着内外大事。他不断地上疏，陈述自己的政治观点和理想。然而在自以为能够控制天下的文帝看来，这些似乎成了多余之物。恰巧，就在他任刘楫老师的第4年，这位小王子在朝见王父的途中不慎坠马而亡。身为师长和监护人的贾谊险些被治罪。但他感到自己身为太傅，没有尽到责任，道义上的责任感和政治生涯的灰暗感无时不在蚕食着他的心。

这位曾在《过秦论》中激扬文字，曾视改革天下如发弹丸的志士终于在困境中一病不起，公元前168年，他悲愤地离开了人世，年仅33岁。

动脑筋

在封建社会，一些顽固地维护旧的秩序的人和一些庸碌之辈的妒忌以及溜须拍马之徒的陷害，是造成许多志士仁人惨遭磨难的原因之一。你还知道哪些类似的人和事？

从贱奴到名将

阅读提示

这篇故事讲的是卫青。他出身贫贱家庭，生母是奴隶。奴隶之子，不仅要烙上奴隶的印记，而且命运更加悲惨。卫青的童年，就是在心灵蒙上阴影和身上遭受鞭子抽打的情况下硬挺过来的。后来卫青因姐姐入宫，才有机会走上戎马生涯。有则谚语说："低贱"养育"奋斗"。卫青自从披挂上阵、驰骋疆场后，7次率军出击匈奴，成为西汉时期具有赫赫战功的一名大将军。

讲故事

距今两千一百多年前，西汉河东平阳（今山西临汾西南）境内的一座山上，时令正是阳春，猴毛似的小草，钻出寒气方退的黄土，哆哆嗦嗦忍受着兽啃人踏。

山脚下，一个七八岁的小男孩，衣衫破旧，赤着脚，挥舞着鞭儿前吆后喝，把三十多只绵羊朝山坡上赶。那羊群一边东寻西找，不停地啃着稀疏的草芽儿，一边贪婪地望着绿油油的麦田。也许是山上的青草太少，田里的麦苗更有吸引力，有几只不听吆喝的羊就窜到了麦田，大口大口地吃起麦苗来。

正在这时，只见来时的路上有两个衣着整齐的少年朝着小孩大吼："蠢奴！瞎了眼。少收了麦子让你去喝西北风。"

小孩听到骂声，朝那两个少年瞪了一眼，对着田里的羊儿猛甩几鞭，抽得那几只偷啃麦苗的羊儿一蹿老高，逃上了山坡。

两个少年看见小孩目光含怒，更加凶狠起来，口里骂道："野种！让你尝尝鞭子的滋味。"

"叭""叭"，骂声伴着鞭声，小孩赤裸裸的腿肚上印上了两条血红的鞭痕。

面对辱骂和欺凌，小孩紧握鞭子，两眼喷火似地瞪着那两个少年，看架势，准备不顾后果，拼命干一架。正在双方剑拔弩张的时刻，远处传来了喊声："青儿，快回家。平阳公主派人叫你回府去。"

这被唤作"青儿"的小孩，名字叫卫青。他母亲卫媪是西汉平阳侯曹寿家的女奴，年轻时主人把她嫁给了一个长工。谁知丈夫过早地离开了人世。卫媪就含辛茹苦地抚养着孩子。几年后，一个名叫郑季的小官与卫媪暗地里建立了感情，卫青就是他们俩的私生子。

那两个扬鞭打人的少年，是郑季已逝妻子生的孩子。他们把自己当作小主人，而把卫青不当人看待，开口就是骂，动手就是打。卫青的童年就是在血和泪中度过的。

此时有人喊卫青回家，是因为卫媪家有了喜事。卫青的三姐——卫子夫，被选进了皇宫。此后由于姐姐的帮助，卫青开始习刀枪，练骑射，逐步练就了一身好武艺，并学习和掌握了不少统军布阵的兵法。

转眼间，10年过去了。卫子夫由宫女封为夫人，不久生了皇子，又加封为皇后。姐贵弟荣，卫青也就受到了重用。

这一年的冬天，北方匈奴大举侵犯西汉边境，告急文书不断飞到京城。汉武帝接到文书后，立即命令卫青和其他几位将领分兵四路，抗击匈奴。卫青当时只有18岁，他率领一万精锐骑兵，从上谷（今河北省怀来东南）出发，迎风雪，冒严寒，风餐露宿，直捣敌穴——龙城。

龙城是贵族聚会祭天的地方，匈奴人把它看作圣地，常年有护卫军防守。卫青率领飞骑从天而降，吓得匈奴守军慌忙紧闭城门。

这座城东、北两面傍山，西面临湖，城墙不高，城门是用木头做的。卫青亲自侦察到这些情况后，就命令重骑兵围困南门和西门，轻骑兵包围东门和北门，并趁夜色在西、南门外搭建了几十座比城墙还高的长方形木台，在沿边蒙上牛皮马革。

第二天拂晓，卫青传令全军发起总攻。只见木台上站满了弓弩手，他们居高临下，密集的箭雨杀得城上的匈奴兵立足不住，纷纷躲避。汉军的重骑兵乘机赶着四匹一组的健马，载着千斤巨木，狠狠地向两处城门撞击，没几下，就把榆木做的城门撞得碎木横飞，后面跟进的轻骑兵旋风般地杀进城内。一时间，格斗声、叫骂声、哭喊声，响成一片。匈奴毕竟兵少，抵抗了一会儿就全部被歼灭了。

这一仗获胜，使卫青的威名大震。此后，在他的戎马生涯中，先后7次抗击匈奴。公元124年，卫青率军击败了匈奴右贤王军；因战功卓著，被汉武帝授任为大将军。

动脑筋

卫青以名将身份载入史册，早年他却是遭人嘲骂鞭打的“奴隶之子”，前后境遇差别很大。如果把事业比喻为一座山峰，那么，卫青为什么能从低谷攀登到峰顶呢？

不惧忧郁写诗赋

阅读提示

以“七步诗”闻名于中国文坛的我国汉代文学家曹植，一生抑郁不得志。正是在这种困境之中，他留下了不朽的诗赋。

讲故事

汉献帝初平三年（公元192年），曹操的夫人生了个小公子，取名曹植。曹植小时候，总喜欢抱着书卷诵读。到了十几岁的光景，他已经能读诗、经、词、赋几十万言，出口成章，下笔成文了。曹操见到他写的文章，心中有些疑惑：“你那文章是请人代写的么？”曹植说：“都是孩儿所作。”曹操大喜，但表面上仍装作十分严厉的样子，训斥道：“今后应该多读经史，勤习武艺，等我空闲一点了，还得当众考你呢！”

建安十五年冬，曹操在邺城筑成铜雀台，率领他的众家孩儿登台作赋。

曹植走到书案前，拿起笔来，略加思索，便在绢帛上笔飞墨舞地写出《登台赋》。写完后双手呈给曹操，曹操想，19岁就能写这样快，这样好，实在是叫人惊异。便说：“此赋可观。”

曹植的兄弟曹丕下笔远不如曹植快，听到父亲夸奖曹植，心中充满了对曹植的嫉妒。心地淳厚的曹植自然不是矫情自饰的曹丕的对手。

建安二十四年，曹操派曹植为南中郎将，前去征战。行前曹操准备将他唤来，告诫一番。曹丕知道父亲要召见曹植，就蓄意设计陷害他，摆下酒宴，说是为他饯行。酒宴上，曹丕把曹植灌得酩酊大醉。使者回去告诉曹操说：曹植醉酒，不能前来。曹操很懊恼，于是罢去了曹植的使命。自此以后，曹植就失去了曹操的宠爱。

建安二十二年，曹丕登上太子宝座。曹操忧虑后事，怕曹植一旦羽翼丰满，不听太子命，于是大剪曹植的羽翼，借故杀了曹植的密友杨修。曹植心怀痛悲、疑惧。曹操去世后不久，曹丕又杀死了曹植的另几位密友，曹植的日子越来越难过。

太和六年（公元232年），早春时节，曹植多年忧愤无欢，积愤成疾，病倒在床上，病势越来越沉重了。他躺在病床上，漫不经心地阅读着自己手抄的诗文稿，回顾着艰难度过的41年人生道路。父王去世之后，终日惴惴忧谗畏讥，哥哥曹丕妒贤嫉能，远逐自己，逼自己在跨出七步的时间内作出诗文："煮豆燃豆萁，豆在釜中泣，本是同根生，相煎何太急"。曹丕死后，他的儿子魏明帝对待曹植更加严厉刻薄。曹植十分愤怨，觉得自己能文能武，却不让施展，非常苦闷。他曾多次上书，议论天下之事，但明帝的兴趣是在洛阳新建的斗鸡台上看斗鸡，是让大臣到民间选美女，哪有心思听他议论国事呢？

曹植翻阅着自己以前写过的《求自试表》，看着自己用血泪心声凝成的慷慨言语，眼泪又模糊了视线："方今天下一统，九州晏如。而顾西有违命之蜀，东有不臣之吴，使边境未得脱甲，谋士未得高枕……"当初他苦苦哀求领兵征吴伐蜀，完成统一大业，而哥哥、侄儿两代皇帝不闻不问，甚至怀疑自己有野心，使自己只能同妻子、奴仆呆呆地愁容相对了。

曹植愈是回忆，愈是悲伤。这几十年他写出了许多令人传颂的诗篇。如《箜篌行》《怨歌行》《名都篇》《白马篇》……这些都是建安时代诗坛的顶峰作品。虽然少吃少穿，欲干不能的悲境时时如大石般压在胸口，直到他倒在病榻，但曹植觉得他的那颗报国之心总是在不停地跳动。回首往事，问心无愧啊！

曹植手拿诗卷，渐渐感到浑身上下衰竭无力，诗卷从手中"啪"的一声摔落到地下。掀开的诗页，被窗外透进来的轻风吹动着。

家里一片哀泣声。一代才子曹植就在这悲风中辞别人世！

▲七步成诗

动脑筋

（1）曹植一生不得志，可他未曾寂寥。而是在我国文坛上占有了一席之地。从他的故事中，你会获得哪些启迪？

（2）读一读曹植的“七步诗”，感受一下曹植所面临的困境和遭遇。

名士之死

阅读提示

孔融，是被人们列为“建安七子”首位的著名散文家和诗人。他不依附权贵，也不畏避权势，却受到诬告遭惨死。他的人生磨难悲凉、凄惨，但孔融却仍然坦荡地直面人生。

讲故事

孔融是孔子的20世孙，在当时的士族中享有很高的声望。孔融反对董卓专权，同情老百姓的疾苦。他曾写过一首《六言诗》：“汉家中叶道微。董卓作乱乘衰。僭上虐下专威。万官惶怖莫违。百姓惨惨心悲。”这首诗在当时深得正直人士的喜爱，也因此使孔融得罪了当时的统治集团。

建安十三年，曹操推行了一些新政。孔融知道后，立即给曹操写信，反对北征乌桓，原因是曹操连年用兵，粮食短缺，还下令让老百姓禁酒。曹操攻下邺城后，曹丕把袁绍的儿媳妇甄氏纳为自己的妻子。孔融为此当面嘲笑了曹操，使曹操父子感到十分难堪。

因此，曹操怀恨在心，总想找机会搬掉孔融这块绊脚石。可是这位孔大夫在社会上名望太大，所以曹操迟迟没有动手。曹操攻下邺城，平定了乌桓，统一北方以后，权势和威望都更高了，机会一到，就决定杀掉这个总同自己唱反调的大名士。

曹操借口孔融不尊重皇令，对父母也不孝，派兵士将他抓入狱中。建安十三年，他被关在囚车里，在全副武装的兵士押解下，从牢狱出来，经过许都的街市，到刑场服刑。途中，看热闹的人很少，百姓们关门闭户。

孔融被绑在刑场上，刽子手已经抽出了钢刀，他却很坦然地面对死亡。刽子手问他，有无话要交代。孔融毫无畏惧地轻轻吟起《临终诗》："言多令事败，器漏苦不密。……谗邪害公正，浮云翳白日。……生存多所虑，长寝万事毕。"

此时此刻，他回顾的是自己几十年走过的人生道路。童年时，他就懂得尊老爱幼，关心他人。父亲有一次让孔融弟兄们拿梨子吃，因为孔融年岁最小，父亲就让他优先挑选，他却拿了一个最小的梨。他觉得，哥哥姐姐都比自己年龄大，应该吃大的梨子；自己年岁最小，自然应该吃最小的梨子。在当时，"孔融让梨"的事就传遍了天下。孔融小时候就有胆有识，敢到名士家中做客，自己介绍自己。他还是大学问家蔡邕的好朋友。他喜爱交朋友，喜欢推荐比自己有才华的人。他遭遇过被别人冷落、做官不第的情况，也碰到过嫉才妒能、让别人背后使绊子的情况。尽管如此，他仍然坚持自己做人的立场，哪怕厄运一次次降临在自己头上。对于曹操，他也是这样。有什么不同的意见和看法，他总是当面或写信告诉曹操，不料竟造成"言多令事败"的局面，招来杀身之祸。他也明白，自己的许多意见，是不合曹操的口味，但他总是从忠于汉王朝的思想立场出发，盼望汉室中兴，不赞成曹操专权。没有料到，自己如今被杀头的罪名，除"不孝"外，就是对汉朝的"不忠"。诬陷他说过什么"做天下的何必非卯金刀（劉字，汉朝皇帝姓刘）?"他实在没有想到，曹操竟然把篡汉想当皇帝的罪名，强加在他这个一心盼望汉朝中兴人的头上。

……

此刻，杀人的号令已下。顷刻间，刀起血溅。监斩官和刽子手走了，刑场只留下一片凄凉。孔融的尸体，暴露在刑场上。

消息传出，许都、邺城乃至全国的文士们一片惋惜。人们不平地问：孔融才56岁，正是著文吟诗的全盛之年，却被诬杀头，实在是文化界的一个重大损失。这道理如何说得清楚？

孔融的一生，屡遭坎坷。他的才华未得施尽，只留下几十卷诗文和他那不畏坎坷的奋斗精神。

动脑筋

从“名士之死”这篇故事中你可以获得哪些启示？能否以此为题，写一篇小议论文。

猪倌奋发成学者

阅读提示

我国东汉时期的承宫，出身低微，从小当猪倌，尝够了人间辛酸。然而他不为贫贱所忧，却对读书、求学怀着痴情。通过他多年的奋发进取，终于成为当时人们所仰慕的学者。

讲故事

我国东汉时期的承宫，是琅琊（今山东诸城西南）人，从小失去父母，7岁时就给一个财主放猪。

提起放猪，生活要多苦就有多苦。每天一早，承宫就赶着一大群猪到野外去放。天黑了，他才饿着肚子，赶着吃饱的猪回来。一年到头风里来，雨里去，承宫吃的是残菜剩饭，穿的是破衣烂衫，有时还要挨财主的打骂。况且大热天猪身上散发的臭气令人作呕。

但是，苦难的日子并没有磨掉承宫的志气，他很爱学习，并且渴望有一天，自己也像其他孩子一样，也能去学堂读书。

过了不久，有位名叫徐子盛的先生，在离承宫主人家不远的地方，办了一所学堂。起初，承宫路过学堂时，只是眼巴巴地望着学堂大门，不敢停下脚步，更不敢竖起耳朵听里面传出的读书声。后来，小承宫终于被这所学堂吸引住了。他每天路过时，总是情不自禁地停在门外，偷偷地听学生读书，听先生讲课。他听得非常入神，常常把放猪的事都忘了。

有一次，徐先生正在给学生讲《春秋》，承宫心想，今天我一定要听懂听好。他尽快把猪赶到一块沼泽地里，让它们在泥水里打滚、觅食，自己则立即返回，站到讲堂外的窗下，静静地听先生讲课。

《春秋》是一部儒家经典之作，里面记载了许多历史故事。徐先生讲得生动，学生听得有趣。承宫在窗外也听入了迷，竟把放猪的事忘得一干二净。不料那一群猪早已散开，从东西南北方向各自觅食去了。

太阳下山了，财主还不见承宫回来，便到处寻找。当财主在学堂前找到了承宫后，就揪住他的耳朵，举起拳头，劈头盖脸地打了一顿，直打得承宫哭喊不止。这时候，正在内堂讲学的徐子盛先生闻声跑了出来。他拉开承宫，并客客气气地问承宫的主人，究竟发生了什么事？

“他想读书，已经走了邪！把一群猪都给我放跑了。”财主一边说着，一边伸出拳头还要打。

“你先消消气，要承宫把猪找回来。”

徐先生的劝解，财主根本听不进去。“我知道是他的脑壳不听话，我就照着脑壳打，非打得胀出包来，流出血来，他才知道我的厉害！”财主仍然怒气未消地说。

徐先生见财主不讲理，就义正词严地说：“你这样做不好。对承宫这种爱学习的行为，不能像对待盗贼那样。他很愿意读书，我想把他留在学堂里，就请你再雇请别人放猪吧！”

从此，承宫就在徐子盛门下，一边帮助老师、学生砍柴，做杂活，一边读书听讲。数年之间，他读遍了徐老师的全部藏书，学习成绩优秀。承宫没有就此止步，而是继续孜孜不倦地学习，最后终于成为我国东汉时期在学术上有造诣的著名学者。他写的文章，词句秀丽，章法严谨，述事状物，有情有理、绘声绘色。不少学者看后都竖起拇指，极力称颂。承宫的文章也“不胫而走”，成为当时青年人学习作文的范本。

动脑筋

（1）陶陶家里的藏书有几千册，父亲还专门给他请了一名英语辅导老师。但陶陶对这些有利条件，没有真正利用。努努的家中既没有藏书，也没有请家庭教师。他个人要求自己，每天至少要读10页有益的书，并做读书笔记。如果有事不能完成，第二天要补上。他是这样说的，也是这样做的。请你比较一下这两位同学的情况，是不是同意努努的做法？为什么？你对陶陶的做法，有什么看法和建议吗？

(2)在你周围的人中，或电影、故事书、报刊文章里，收集类似上面故事的内容，编成一小本《磨难篇》。

大材小用之后

阅读提示

怀才不遇，大材小用，是人才成长过程中可能遇到的事情。对一个人来说，这种磨难也仍然只是一种外在因素，要想使人发现或创造条件发挥才干，关键还在自己。不信，请看下面庞统的故事。

讲故事

庞统是我国三国时代一位十分有名气、有才学的政治家。和几乎是家喻户晓的诸葛亮一样，他是那个时代最有计谋的名士。诸葛亮被人称为“卧龙”，而庞统则被人称为“凤雏”。

但是，比较起来，庞统远远不如诸葛亮走运。诸葛亮一开始就为刘备仰慕、器重，留下“三顾茅庐”的佳话。而庞统却因为外形丑陋、其貌不扬的原因，一直没有得到刘备的重用。

庞统是襄阳人，他先被鲁肃介绍给吴国的孙权。鲁肃当时正在吴国谋事，他告诉孙权，说庞统是罕世奇才，应当委以重任。孙权听了，就传令召见。庞统进来之后，孙权看见庞统面孔扁平，形容枯槁，黑面皮，短胡髭，两眼深陷，鼻孔上翻，心中不太喜欢。孙权问他：“庞先生平生所学，以什么为主？”庞统说：“没有专攻一门，随机应变而已。”孙权又问：“你自己以为比周瑜怎样？”庞统笑了笑说：“无法相比，大有不同。”孙权是最佩服周瑜的，见庞统眼里没有周瑜，出言又不谦逊，便不想任用他，说：“庞先生，等我需要的时候再请你吧！”于是就拂袖而去了。庞统受到冷遇，怅然离开了吴国，去荆州投奔刘备。到了刘备那里，庞统说明来意，是想在此协助刘备干一番伟业。但刘备看见庞统的长相后，也不太高兴，说：“现在战事紧急，没有什么闲散职务，离荆州130里的耒阳县缺一名县令，要么你去那里坐镇吧！”

庞统听了，心里很不痛快，但碍着刘备的面子，一时又暂无他法，就只好上任去了。

庞统到任后，刘备仍不放心，过些日子，他派人去了解庞统的情况。有人报告说，庞统到了耒阳，终日饮酒作乐，从不升堂理事。刘备一听，勃然大怒，立即找来张飞，说：“你到耒阳巡视，如果确实如众人所说，就把庞统法办！”

张飞到了耒阳，官吏出城迎接，就是不见县令庞统。官员们说：“本县县令到任至今，天天不是饮酒，就是睡觉。”张飞听了，气得直奔县衙，找来庞统，劈头就问：“派你到耒阳主事，为何整天饮酒，荒废公事？”庞统哈哈一笑，说：“请将军息怒，烦请指出，我荒废了哪些公事？”张飞说：“你来了一百多天，不升堂理事，怎能说没有荒废？”

庞统听了，哈哈一笑，说：“百里小县，政事甚少，百日之事，一日我就可以理清，何必日日升堂？”说罢，当即喊来手下官吏，拿来文书，将有关公事一一发落。件件事清晰明白，条条有理。转眼间已处理完毕，人人称赞不已。

张飞看了，十分惊讶，佩服地说：“先生主持一县，实在是大材小用了。”

回到荆州，张飞向刘备禀报了情况，刘备很后悔自己以貌取人，无知人之明，要张飞连夜把庞统请回荆州并拜他为副军师中郎将，同诸葛亮一起共掌军机大事。

动脑筋

(1)如果你遇到别人因一时疏失，怠慢了你，你是心灰气馁，自惭形秽，还是顽强地坚持远大的志向？

(2)请你把庞统的故事再读一遍，说说庞统对刘备的冷遇采取的对策中有哪些高明之处。

(3)在你的生活中，寻找一下有无类似不利的环境，如果有的话，自己做了哪些努力？采取了什么实际步骤来改善这种环境？

顽童上正路　身残成专家

阅读提示

错误也是一种磨难。人生就是不断地在正确与错误之间选择。如果不慎选错了，误入歧途，栽了跟头，怎么办呢？我国魏晋时期的皇甫谧的故事或许对你有所启迪。

讲故事

皇甫谧，生于公元215年，甘肃灵台县人，他的祖父皇甫嵩曾经做过汉朝的太尉，是显赫一时的“名门贵族”。但到他父亲一代，家道中落，十分清贫。所以皇甫谧降生以后，父亲便把他过继给叔父当儿子。叔父半辈子没儿没女，得了这个宝贝儿子，自然喜上眉梢，爱若珍宝了。由于养父母的溺爱，小皇甫谧惯坏了，他既不愿劳动，又不爱读书，整天和一帮公子哥们闲逛游乐。他特别爱斗鸡、斗蟋蟀，深更半夜时才归家。

皇甫谧的婶母任氏平时待他很好，看到皇甫谧的这副样子，心里焦急万分。任氏心想，皇甫谧已经20岁了，还什么成就也没有。平时总劝他改过，求上进，可他听不进去，现在应狠狠刺激他一下了。

一天，皇甫谧拿了一些瓜果回家，请婶母尝尝鲜。任氏很不高兴地对他说：“你以为拿点瓜果回来就算孝敬了吗？《孝经》上说‘三牲之养，犹为不孝也。’每天早晚都能给长辈送上牛、羊、猪肉，也不能算孝。而你都长到20岁了，还是不务正业，到处混日子。你这样不懂事，我怎么吃得下你送的瓜果呢？”

任氏一边叹气，一边流着眼泪说："孩子，你父母死了，你叔叔也死了，我整天躬着腰织布养活你，你却这样不成材，究竟是什么原因呢？我已经费尽了苦心，要你学好，其实学问、道德，学了都是你自己的东西，同我有什么相干！我养你到这么大，不过是白辛苦了一场！"

皇甫谧望着婶母，只见她满头白发，满面皱纹，满手老茧，满脸愁云，好像突然感悟到了什么。他良心受到了感动，羞愧交加，噙着泪珠说道："婶母，你别哭泣了，我从今天开始弃旧图新，再不游荡了。"

任氏却表示不相信，说："江山易改，本性难移。你这坏毛病还能改得过来？"说完，便不理皇甫谧，回屋织起布来。

皇甫谧听着机杼的声音，一下一下都像打在自己的心头。

第二天，他果然不再游荡，并和那些花花公子们断绝了来往。他拜了附近的学者席坦作老师，继而发奋读书，晚上一边抄写，一边背诵。白天下地干活休息时，他也拿出书本来读。就这样，一年又一年，他一改旧日的懒散、贪玩、厌学的恶习，终于读了许多的书，成了当时最有学问的人之一。

后来，他得了一种半身麻痹症，因误吃了一种叫"玉石散"的药，全身发热，痛苦极了。他几次想举刀自杀。婶母任氏又劝止住了他："你读了那么多书，就是要为大家做点事，随便死去，过去的辛苦不是白费了吗？况且，你的病虽重，但是怎么知道一定治不好呢？"

皇甫谧听了婶母的话，打消了自杀的念头。医生治不好自己的病，他就自己找医书看，用针在自己身上扎，记下自我感受。就这样，他积下了近80万字的资料。

他产生了要写一部针灸专著的愿望。这在当时是没有先例的。经过大量实践和艰苦探索，终于在公元256年，写成了我国历史上第一部针灸专著《针灸甲乙经》。这本巨著出自一个长年卧病在床的瘫痪人之手，的确是一桩了不起的奇迹。

动脑筋

(1)"往者不可谏，来者犹可追。"读完皇甫谧的故事，请你再想想这句话的含义。

(2)如果在你身边有位同学因为各种原因比较懒散、贪玩，不想学习，你准备怎样帮助他？

桃花源里有傲骨

阅读提示

陶渊明的一生中有许多痛苦和不幸，但他的人生道路是独特的。正是这种独特的人生道路，在文学上成就了一个大诗人，造成横亘千古的艺术风格——恬淡自然、意深旨远的“陶体”。

讲故事

陶渊明的曾祖父陶侃，是东晋王朝的开国元勋，官至大司马，封长沙郡公。但到了陶渊明降生时，陶家已经大大衰落了，以致在他小时候，家中厨房的碗柜都是空的，冬天盖的被子也缺乏，只好几个人挤在一床被子里。

陶家原是少数民族，虽以武功获得高位，但在讲究世族名望的社会里，他这样的家庭出身，是不会受到社会尊重的，同时也就决定了他在仕途上会受到种种障碍。

少时的陶渊明，虽然怀有济世之志，但在当时黑暗的现实条件下，他的“壮志”是无法实现的。从29岁起，他先后几次出仕，做过祭酒官、参军、县令，但每次任职期都很短，像陶渊明这样孤高自傲的人，同恶浊的官场是格格不入的。

一次，他在彭泽做县令，郡里派来一位官吏来到县里，他手下的人告诉他说，这人来头大，应当“束带见之”。陶渊明素来闻知此人声名狼藉，不愿见他，便叹了一口气说：“我不能为五斗米折腰，拳拳事乡里小人邪！”当天，他就辞官而去。这次做县令,从任职到去职,前后仅有八十多天。

通过几次从政的经历,他深深感到理想和抱负的无法实现,于是对仕途逐渐心灰意冷。但迫于生活,他只好被迫而为。在那篇有名的《归去来兮辞》中,陶渊明写道,自己由于家贫,耕织不足以自给,家里老小,室无储粟,只好做个小官吏,以养家糊口。

后来,由于官场倾轧加剧,陶渊明实在无法忍受这种为生计所迫的求仕之路。于是他辞去官职,回到田园,做一个自食其力的庄稼人和诗人。

在他所经营的"桃花源"中,陶渊明找到了自己的精神生活,有了志趣相投的朋友。他们彼此相往来,谈古论今,写文章一同欣赏。每当阳春烟景,或是气爽秋高,大家就约到一起诗酒唱和。

日子一久,意想不到的天灾、人祸又突然降临。在陶渊明46岁那一年的6月,他家里遭到一场大的火灾。火乘风势,异常猛烈,顿时烧毁了他的全部房舍和财产。他和全家人一时无处存身,只好在门前的一艘石船上度日。他的亲人此时又受到连年战祸的荼毒。真是一夜悲风,何等凄凉!

陶渊明的生活日趋贫困,以致到了桑榆之年常常受到饥饿的威胁。他写了一首诗:"夏日抱长饥,寒夜无被眠;造夕思鸡鸣,及晨愿乌迁",把贫困生活所造成的特殊心理写得十分逼真。有时候,他要靠向人告贷和朋友的接济才能勉强维持半饥半饱的生活。直到他去世时,这种状况也没有稍许改变。

难得的是,在这样的艰苦磨难之中,陶渊明丝毫没有改变自己的志向,穷且益坚。他多次借用《楚辞·渔父》的形式,效仿屈原的志节。

一次,江州刺史檀道济去看他,正值他一天未进食,檀道济劝他,何必自找苦吃,出去谋个小官,可以有酒有肉,多好。陶渊明对江州刺史的这一套十分反感,拒不接受这位达官贵人的馈赠,竟拂袖而去。

正是归耕后20年的生活和经历、忧患和感慨,形成了《桃花源诗并序》的主题。"桃花源"代表着诗人的社会理想。所有这些,都给后人留下了不可多得的文学精品。

动脑筋

(1)阅读陶渊明的《桃花源记》,思索作者的思想感情。

(2)陶渊明为什么要弃官归田?在贫困生活的煎熬下他有哪些杰出的成就?

自找苦吃 自我磨炼

阅读提示

我国历代不少成就事业者，自觉劳其筋骨，苦其心志，坚持自我磨炼，从不懈怠。东晋名臣陶侃身居高位，却特意准备了一百多块砖坯。他每天从院子里搬进搬出，"以习劳苦"。北宋著名政治家、史学家司马光，为了"苦其心志"，特意置备了一个圆木枕头，名为"警枕"，以警策自己不睡安稳觉，挤出时间多读书，多做工作。今人尽管大可不必机械地模仿"搬砖"和"警枕"，但是陶侃和司马光坚持从严要求，自我磨炼，从一点一滴做起的精神却是很值得我们效法的。

讲故事

陶侃(259—334)，东晋庐江浔阳(今江西九江)人，出身贫寒，读书不多。进入仕途后，长期在今湖北境内做官。开始做县令，后率军作战，立有战功。无论从政，还是统军，他都忠于职守，为官清廉，勤勤恳恳办事，因而职务不断升迁。他的事业达到最高峰时，曾统管八个州的军事，任两个州的最高行政长官。即使身居高位，他仍坚持从严要求，自我磨炼不辍。

陶侃住的院子里有一堆土坯，那是用一大块一大块泥做成的，是作烧砖用的，共计一百多块。陶侃十分珍惜这堆土坯，不准任何人搬走。他说："这是我特意准备的。"

每天早上起床后，他亲自把一百多块砖坯从屋内搬到屋外；晚上就寝前，他又亲自把这一百多块砖坯从院外搬到院内。如果当天无重要政事、军事急着操办，他都坚持这样做。

“有工夫坐在屋里歇歇不好吗？”他的下属曾这样劝他说。

“不行。”陶侃说，“一个人要是吃饱了，总坐在屋里歇着，不活动一下筋骨，日久天长就会变成大胖子，腿脚一点力气也没有，不就成个废物了吗？”

有些同僚也疑惑不解地说：“陶大人，您每天搬砖，又何苦呢？”

陶侃笑了笑说：“我还要率军出征，如果长期过舒适安逸的日子，又怎能承担恢复中原的重任呢！”陶侃就是这样严格要求，自我磨炼，史书上称赞他“无事即朝夕运甓，以习劳。”

与陶侃“搬砖”相映成趣、传为佳话的，还有司马光的“警枕”。

司马光(1019—1086)，北宋政治家、史学家，陕州夏县(今山西夏县)涑水乡人。

童年的司马光，既显示有超群的聪明才智，又刻苦磨炼，能够约束自己的行为。每天当老师讲完新课后，他就在家里关上门窗，及时温习，读了一遍又一遍，一直到能流畅地背诵后才肯休息。

到了成年为官之后，为了建功立业，他从严要求自己，在房间里设计了一套特别卧具：一张木板床和一个小圆木枕头。

为什么要用圆木做枕头呢？这是司马光实施自我磨炼的用心所在。因为硬邦邦的圆木枕头，放在硬邦邦的木板床上容易滚动。人睡觉时只要稍微动一下，那枕头就滚动了，头落在木板床上，于是就惊醒了，可以马上起来从事读书、著述、整理资料以及思考和处理政务，避免睡过头，白白地浪费时间。圆木枕头具有提醒人抓紧时间学习和工作的功能，所以司马光给它起了个名字叫“警枕”。

司马光由于长期坚持自我磨炼，勤于耕耘，扩大了知识领域，为著书立说打下了坚实的基础。从四十多岁起，司马光着手编写《资治通鉴》。他每天靠“警枕”提示，凌晨4点起床工作，直到深夜才就寝。他每天撰述、修改的稿纸有一丈多长，而且上面没有一个潦草字。像这样，他一连19个寒暑，严格要求自己，从不懈怠。公元1084年，卷帙浩繁的史书巨著《资治通鉴》终于完稿了。这部书共294卷，按照年代记载了一千三百多年的大事。事件记载得条理清楚，故事写得有声有色。它不仅是一部历史名著，也是一部文学名著。

《资治通鉴》除正式稿本外，未用的残稿存放在洛阳，共堆满了两间屋子。由此可见，司马光为编写这部巨著，该耗费了多少心血啊！

动脑筋

少年儿童只有通过自觉的刻苦磨炼，才能矫正自己不良的习惯，培养优良的品质。读了这篇故事后，请你结合个人情况，设计一种自我磨炼的方案，并在适当时候，向老师和同学们汇报实施自我磨炼的效果。

贫穷也要求学问

阅读提示

葛洪是我国古代著名的炼丹化学家、医药学家。他在化学和医学方面都作出了重要的贡献。可是,他年少的时候,由于家境贫寒,竟然连书都不曾念过。面对生活的贫困,葛洪不甘屈服,他的经历的确可以引人深思。

讲故事

葛洪的祖父原先做过大官。可是,到葛洪出生以后,家境就一天不如一天,最后甚至连一日三餐也难以为继了。

小葛洪是个身体瘦小的孩子。因为家里穷没法上学读书,每当看到别人家的孩子去上学读书,小葛洪可真有点眼馋。他不止一次地咬着手指头,望着远处的学堂,心想:我要是也能读书,该有多好啊!

读书读不成,只好去砍柴。葛洪每天起早床上山砍柴,挑到市场上,换点粗米、油盐补贴家用。

这天早上,天还没亮,葛洪就上山了。他比往常多砍了一大捆柴,想换回些钱来买书读。就这样起早贪黑,葛洪连续干了好多天。谁知道,这辛辛苦苦换来的钱,竟然连一本普普通通的《诗经》也买不起。

葛洪是个有志气的人。虽然没有买到书,但他的求知欲望一点也没有减少。他挑着柴担,边走边想办法。忽然,他一拍柴担,大声地说:“有了,买不起书，我就借书读！”

葛洪的爷爷做官的时候，有好多朋友。这些人家中，都有不少的书。

葛洪东忙西走，一口气跑了十多家，总算有几家不错，看在他祖父的面子上，愿意借书给他读。不过，他们有个条件：每次只让借一部书，还要限期归还。

就这样，葛洪每天早早上山砍柴，卖掉柴以后，赶紧跑去借书。有时为了借一本书，要往返跑上几十里路。书读完了后，无论刮风下雨，他都要按照约定的时间去还书。他知道要是失约了，下次再借，可就不容易了。

葛洪读书越多，越觉得知识的海洋广阔无边。这时，他忘却了贫困，忘却了劳累，觉得自己是愉快的，充实的。

在读书时，葛洪感到单凭背诵来记忆，已经远远不够了。要是有纸有笔，把书中的主要内容和重点段落抄下来，记成笔记，就可以查看，那该多方便呀！这个想法在今天当然是轻而易举可以实现的，可在当时，对于葛洪来说，这个想法可够大胆的！

那时候，人们刚发明造纸术。纸张既稀罕，又珍贵，对葛洪这样的穷孩子来说，要得到纸可是极难的一件事。有时候，趁大户人家办喜事，他赶去帮忙打工，得到一点点纸。在抄写的时候，他尽量把字写得很小，一张纸上上下下，全部都写满了，连一点缝隙都不留。然后翻过来，再在背面写。

纸不够了，葛洪就拿树枝在地上写，边写边背，直到记熟为止。

有些知识，十分重要。葛洪就随时把它们写在屋子里的墙壁上、地面上。日子久了，葛洪的屋子里到处都写满了字，密密麻麻，一片连着一片，没有一点空白的地方。

由于刻苦勤奋，葛洪的知识有了很大长进。许多富户人家的子弟在学校里念书，反而还不及葛洪学得多。葛洪终于成为当时最有学问的人之一。他一生写了很多书，据记载共有二百多卷。流传到今天的，主要有《抱朴子》和《肘后备急方》。《抱朴子》是记炼丹术的，所以他是世界上最早的化学家。《肘后备急方》是记医术的，所以他又是世界上最早的医学家之一。

动脑筋

(1)你能不能用葛洪的经历来说明一个道理？

(2)对比葛洪，想想自己，请替自己制订一个勤奋学习的计划。

洛阳纸贵

阅读提示

西晋太康年间，一个名叫左思的人写了一部《三都赋》，原来只配盖酒坛的文章，竟使洛阳纸贵。人们在赞叹左思的成功之时，更应看到从他动笔写《三都赋》到受到重视，却经历了10年磨炼和很大的曲折。

讲故事

左思是山东临淄人，我国西晋时著名的文学家。左思的父亲左熹原来是一个小官吏，后来慢慢地做到了御史。

左思小的时候，父亲很看不起他，因为左思身材矮小，面目丑陋，说话也有点吞吞吐吐，结结巴巴。在知识和学习方面，左思也显得有点呆痴痴的。甚至左思成年以后，父亲还经常对别人说："别看左思这么大了，可他所了解的知识和道理，还不如我小的时候哩！"

每当左思听到这些话，心里总是急得不得了。他不甘心受到别人的鄙视，立下志向一定要发愤读书学习。他想，人生在世总会有各种不同的遭遇，这些遭遇，包括自己的先天条件在内，都是由许多具体条件决定的。一个人只要真正思考着如何活得有意义，不愿意消极颐养，白活一辈子，而是发愤图强，迎难而上，就一定能找到自己的用武之地。

他看过东汉班固写的《两都赋》和张衡写的《二京赋》，感到这些文章虽然气魄宏大，文辞华丽，写出了东京洛阳和西京长安的气派，但总有点虚而不实的感觉。他决心依据事实和历史的发展，写一个新的《三都赋》，把三国时的魏都邺城、蜀都成都、吴都南京写入赋中。

主意打定，他开始了艰难的著书过程。为了写好《三都赋》，左思东跑西走，游历名城，拜访贤人，收集了大量的历史、地理、物产、风俗人情方面的资料，力求笔笔都有着落，有根据。在撰书时，他闭门谢客，书、纸堆满了屋子、走廊以至于厕所，常常好几天才能推敲出一个满意的句子，一写就是10年。10年过去了，一部凝聚甘苦心血的《三都赋》终于写成了。

《三都赋》是写成了，但是由于左思名望低下，辛辛苦苦写成功的《三都赋》不仅未被人们重视，还受到了不少人的嘲笑和讥讽。当时著名的文学家陆机也曾有过写《三都赋》的念头，听说左思写了一部《三都赋》，就挖苦地说："左思何许人也，不知天高地厚，妄想超过班固、张衡，真是太自不量力了。"不仅如此，他还给弟弟写信说："京城有个狂妄的家伙想写《三都赋》，等他写完之后，我们拿它当废纸去盖酒坛子吧！"左思为了争取当时文学名流的认可，脱稿之后，拿出来请文学名流们品评，那些高谈阔论的文人们根本连看都不看，只见作者是一个无名小辈，就摇头摆手，说得一无是处。

后来，左思终于找到著名文学家张华和皇甫谧，请他们鸣锣开道，并亲自写了序言、注释，才使《三都赋》传于世人。

有了名人作序推荐，《三都赋》便很快风靡京城，原来曾讥笑过左思的陆机，赶忙找来了抄本，认真地阅读了一遍，不禁点头称是，连说："好文章！好文章！"人们交口称赞，争相抄写传扬，一下子使得纸价昂贵了许多。原来每刀纸值一千文，很快地涨到了两千文和三千文。后来，竟然高价难买，不少人只好跑到很远的地方去买纸，拿到洛阳抄写《三都赋》。这也就是成语中的"洛阳纸贵"的由来。

动脑筋

(1)左思为什么可以使"洛阳纸贵"？请你帮他总结一下成功的原因。

(2)从左思的故事中，你感受最深的是什么？

(3)找两个类似的故事讲给同学听。

从“弃婴”到“茶圣”

阅读提示

这篇故事的主人公是陆羽。他原是被扔到湖边的一个“弃婴”，经历了人世间难以想象的磨难。陆羽20岁跻身于茶叶研究领域，写出了人类历史上第一部《茶经》。陆羽的传奇经历和杰出贡献，说明了低贱者奋发努力，也能步入成功的殿堂。

讲故事

中国是茶的故乡。当我们为了健胃、提神、驱除疲劳而品茶的时候，也许有人会告诉你，可别忘了陆羽啊！

陆羽(733—804)，是唐朝竟陵(今湖北天门)人。他的婴儿期、童年期和少年期都十分坎坷。

陆羽的亲生父母终年劳累，不仅缺吃少穿，而且疾病缠身。他们在苦海中挣扎，朝不保夕，在万般无奈的情况下，只得把刚出生不久的陆羽，遗弃在竟陵西郊的西湖堤上。

当时这里有一个龙盖寺。寺里有一个和尚叫智积。正巧这天他路过西湖堤上，见路边有一个被遗弃的婴儿，产生了恻隐之心，就把婴儿抱到寺里，请人抚养，并给他起了个名字叫“陆羽”。

陆羽没有享受父母的爱，从小在寺院里打扫厕所，在野外放牛，有时还得干一些杂活，可以说是在苦水、泪水中泡大的。

▲陆羽与《茶经》

陆羽渐渐懂事了。他看到寺里的和尚个个抱着经本虔诚诵读，觉得挺有意思，也想学着诵读。于是他开始对读书产生了兴趣。智积多次动员他削发做和尚，可是陆羽自小就有主见。他一心向往广阔的世界，不愿禁锢在狭小的寺庙里。他对智积和尚讲明了自己的志向，得到师父允许后，便如饥似渴地抓紧时间读书，以便更多地汲取知识的营养。

一天，他正在读书时，意外地发现了史书上一段有关茶叶的记载。文字虽非常简单，但是他看了半天，依然觉得似是而非。于是他下决心要钻研茶叶的学问。

陆羽告别了师父，离开了寺院，要到大千世界去考察茶叶。为了搞清茶叶是怎样栽培、怎样制作、如何饮用等问题，他脚穿草鞋，身背干粮，四处奔走、察访，风霜雨雪挡不住行期。他用了好几年时间，实地考察了 33 个出产茶叶的州和郡，还作了详细的考察记录，取得了大量关于茶叶的第一手资料。

公元 760 年，陆羽在茶叶之乡湖州定居下来，开始著书立说。经过几年的辛勤耕耘，终于写成了一部《茶经》。全书共 3 卷 10 章 7000 余字。书的内容极为丰富，论述了茶的性状、品质、产地、采制、烹饮方法以及煮茶、饮茶用具等，涉及植物学、农业学、生态学、生化学、药理学、水文学、民俗学、训诂学、史学、文学、地理学以及铸造、制陶等方面的知识。

陆羽用自己的辛勤劳动，为中华民族的科学宝库奉献了一块瑰宝，同时也为世界文化的发展作出了特殊的贡献。

动脑筋

(1)陆羽没有享受到父母的爱，是个很不幸的孩子，然而他奋发努力，在事业上取得了成功，又是很幸运的！你读了这篇故事后，有什么体会和收获？在你的同学中，可能有人因父母离异，内心中存在着隐痛。你应当怎样去帮助他(她)呢？

(2)你现在的生活环境比陆羽当年要好得多。你打算通过做哪几件具体的事去继承当年陆羽的奋发精神？

“乐工”万宝常

阅读提示

万宝常是我国隋朝时期的著名音乐家。他10岁沦为“乐户”，地位同奴隶一般。面对逆境和困苦，他把满腔心血倾注在音乐事业上，为我国古代乐律的发展、乐器的改进作出了重要贡献。

讲故事

我国古代有一个造诣很深的音乐家，他的名字叫万宝常。

有一天，万宝常和朋友们正在饭桌上谈论音律，因当时没有乐器，无法用音响来说明。万宝常见桌面上摆着无数的杯、碗、碟等餐具，就用筷子一一敲击，按音的高低排列成行，并演奏成清朗欢快的乐曲，然后向朋友们指明，那个碗是什么音，那个盏属什么调。朋友们听了，佩服得五体投地。有的赞赏他听音能力奇特，有的称赞他论述深入浅出、生动形象。万宝常的这种用筷子敲打碗碟的演奏形式，不仅在当时传为美谈，而且为后人所仿效。时隔不久，这种演奏方式还传到了印度和东南亚的一些国家。

万宝常生于我国战争频繁的南北朝时期，在那个多事的混乱年代里，他为什么与音乐结下了不解之缘呢？要了解他的身世，还得从头说起。

万宝常本是江南陈朝人，3岁时就聪明过人，耳朵特别灵敏，在音乐方面显现出一定的天赋。四五岁时，万宝常随父亲渡江北上归附了北齐。当时北齐宰相叫祖珽。祖珽除了帮助皇帝处理国家大事外，本人还是一个有音乐素养的能人。他的遭遇十分坎坷，曾两次被刺配为流囚，还被人把两眼熏瞎了。

万宝常八九岁时，一个偶然机会使他能拜在名师祖珽门下为徒，学习音乐，演奏各种乐器。然而不久巨大的不幸降临了。万宝常的父亲万大通图谋逃回江南，事情败露后被杀害了。年仅10岁的万宝常受到株连，被发配为"乐户"，成为卑贱的没有人身自由的"乐工"。万宝常从此失去了父母、亲人，失去了故乡，孤独地在异乡过着奴隶生活。

尽管做人的自由权利被剥夺了，而且要忍受许多常人难以承受的苦难，但苦中偷闲，他就用更多的时间向盲人音乐家祖珽学习。万宝常决心把自己的全部心血都倾注在音乐上，以此来弥补自己人生道路上的种种不幸。

祖珽见他是棵好苗子，也毫无保留地教给他音乐知识，传授琵琶等乐器的演奏技艺。通过精心培养，万宝常进步很快。几年之后，他已掌握了丰富的音乐理论和音律知识，能娴熟地演奏各种乐器，成了当时小有名气的难得的音乐人才。

这时的万宝常不仅仅是一个手持笙箫列于队中为皇帝百官演奏的一般乐工了，他还为北齐宫廷制造了一套"玉磬"，成为宫廷演奏时必不可少的主要乐器之一。这种"玉磬"色彩晶莹透亮，造型美观大方，音色清脆明快，连他的老师祖珽听过这种乐器演奏后也赞为上品。

正当万宝常艺臻成熟之时，中国历史上又经历了一次重要的改朝换代：杨坚建立了隋朝，长达三四百年的南北朝分裂局面结束了，天下重又归于统一。斗转星移，换了人间。可是，万宝常的身份却没有丝毫变动，仍然是一名低贱的"乐工"。尽管如此，他在音乐上的才华，使得大臣、宰相，乃至至高无上的天子都不能忽视他。所以每次仪乐都要传唤他参加，征求他的意见。

万宝常还奉隋文帝的旨意，对音乐进行艰苦卓绝的研究，提出了"八十四调"等理论，并把汉族传统音乐与我国北方少数民族音乐（当时称为胡地音乐）融合起来，编写了《乐谱》64卷。他还准备改革各种乐器，建立新的音乐体制。不料，万宝常的这些做法遭到朝廷权贵和乐师们的妒忌。他们害怕万宝常的计划一旦实现，就会声名大振，使他们失去把持音乐的局面，因此，对万宝常千方百计地进行打击、诋毁和排斥。

万宝常地位低贱，势单力薄，无法同那些不学无术的达官贵人斗争，终于气愤抑郁而病倒，处于更加悲惨的境地。随着疾病的加重，他又无钱医治，身子一天天瘦弱下来，最后竟饿死在破屋里。他用自己的死表达了对那些毁谤他，使他一生陷于奴隶境遇的权贵们的抗议。

万宝常首创的“八十四调”等理论在他生前没有得到应有的认可和尊重，直到隋朝灭亡后才得到提倡。唐代之所以能创造出丰富、绚丽的音乐艺术，这与吸取万宝常的成果分不开。

学者魏征在《隋书》中为万宝常写了传记，使他的事迹和成就世世代代得以传扬。

动脑筋

(1)现代文豪、杰出的历史学家郭沫若曾把万宝常誉为隋代的大音乐家。你从万宝常的身世和事迹中受到了什么启迪？

(2)万宝常10岁沦为“乐户”，但他没有自暴自弃，而是把音乐看成是生活的支柱，这对他后来成就一番事业具有什么作用？

写《讨武氏檄》的人

阅读提示

在小学语文课本里，有一首人所熟知的诗《咏鹅》。这首诗的作者叫骆宾王，是我国古代唐朝最著名的诗人之一。他才气横溢，光彩照人，具有顽强的性格作风。即使在现实生活的严峻考验下，他仍然不断地写诗，不屈地做人。

讲故事

少年骆宾王是一位有“神童”美誉的人。他7岁的时候，写过一首诗，一直为后人传诵。这首诗就是《咏鹅》。除了文才惊人，他还特别尊敬师长，奉母笃孝。据说，他读书时每见到古代孝子的事迹，总要感动得流涕伤心。

像这样一位才华出众的年轻人，照说会前程无量。不过，在封建社会里，一个人要想做出成绩，在事业和学问上通泰发达，光靠这些显然是不够的。还需要有一定的机遇和向上攀附的手段，或者说，要有靠山。但骆宾王却没有这些。他出生在一个小官僚家庭，父亲曾做过浙江义乌县的一个小县令。可惜时间不长，父亲就去世了。

骆宾王20岁时，曾参加过一次乡试，被道王李元庆看中，就让他去王府里做属员，专门替王府登记往来的文书。后来，道王李元庆调到了滑州做刺史，府中官吏增添了许多人。骆宾王为人老实，不善奉迎，所以不受重用，在滑州府里整整坐了3年冷板凳。

有一天，李元庆喝了许多酒，想寻点开心，就把手下人都招到一块儿，让他们写文章，题目是谈谈自己有何才能。骆宾王苦思半晌，写了一篇文章，但他在文章中不但没有谈到自己有什么才能，反而说了一大通如“若乃脂韦其迹，乾没其心；说己之长，言身之善；腼容冒进，贪禄要君，上以紊国家之大猷，下以渎狷介之高节；此凶人以为耻，况吉士之为荣乎！”之类的牢骚话语，结尾还用大字写上“不奉令，谨状。”李元庆看后，气得要命，更加不用骆宾王了。骆宾王恃才傲物，意气很盛，虽人在官场，却从不想去低三下四地干吹吹拍拍的事情。

这种做官的态度和性格，使骆宾王在官场中始终难以发迹。所以直到三十多岁，骆宾王还是一个白丁，常年过着寄人篱下的生活。在艰苦的生活中，骆宾王一边写诗作文，一边研究国家大事。为了实现自己的政治抱负和理想，他身处逆厄，却未屈服。他开始向一些官员上书自荐。上书对象有中央政府派出巡视各地的廉察使，有国家人事主管部门吏部的尚书、侍郎，有作为地方长官的州刺史，也有刺史的属官长史、司马等，甚至还包括一些县令、县主簿。上书的内容是要求对方担当伯乐，让自己这匹“逸骥”能有一试身手的机会。但这些上书多数有如泥牛入海，偶有回信的，也不过是例行公事罢了。

到了麟德元年（公元664年），骆宾王总算找到了一个机会。这年唐高宗李治到泰山封禅，当地各界人士推举骆宾王做代表，写了一篇《为齐州父老请陪封禅表》。这篇文章虽是给李治这件劳民伤财的“隆典”唱颂歌的官样应景之文，但很对高宗的口味。高宗忙问左右，谁是这篇颂文的作者，并下诏将颂文的作者擢升为奉礼郎。于是骆宾王总算到朝廷做了一个官。

奉礼郎事不多，是个小小的闲职。骆宾王任职不久，却因一篇文章得罪了朝廷中的几个要害人物，不久就遭到贬谪，还被罚去西域从军，后来又被强行送到西南去参加对边地部族的军事行动。由于军中文人少，骆宾王的那支笔还颇受重视。因军中统帅李义很欣赏骆宾王的才华，所以军中颁布文书一类都交由骆宾王草拟。经过多年的戎马生活，骆宾王磨炼得更加成熟。离开军队后，他又做了几任县主簿，最后由于治域有功，被提升为侍御史，成为中央政府的一个高级检察官。不过，命运仿佛总是要为难骆宾王。就在他走红之时，祸根也同时埋下了。一批朝吏眼红骆宾王的职位，妒忌他的才华，联名诬告他有贪赃枉法之罪。就在他做侍御史的当年，就被缉拿下狱。在狱中，他的悲愤到了极点，他写诗作赋，在自我拯救的同时，控诉了黑暗的官场倾轧，批判了腐朽的官吏制度，表白了自己的无辜心迹。在一首著名的狱中诗里，骆宾王写道："西陆蝉声唱，南冠客思侵。那堪玄鬓影，来对白头吟。露重飞难进，风多响易沉。无人信高洁，谁为表予心？"此诗借物咏志，写出了诗人当时的沉痛心情。

被关押了一年左右，骆宾王又被放了出来。这次囹圄生活，给他精神上留下了难以愈合的创伤。他一度情绪低落，消歇在乡野。直到公元683年，武则天操纵政权时，骆宾王已是垂暮之年，他参加了反对武则天的政治活动，被署为"艺文令"。在扬州，他写下了一篇著名的《讨武氏檄》。这是他长期郁积下的愤懑情绪的爆发，是他投向社会的一把匕首。檄文词锋锐利，气势宏大，很有鼓动性。武则天看到这篇文章时，开始只是哂笑。当读完文章后，她猛然起身，连忙问是谁写的？左右告诉她是骆宾王，她这才大发感慨，如此贤才沦落在外，这是朝廷的过错。

骆宾王的一生，在政治上屡遭创伤，只留下了挫折和失败的记录。但正是在这些纪录中，他以自己过人的胸怀和意志，磨炼出自己的文学锋芒，喊出了唐代诗歌大繁荣的先声。

动脑筋

杜甫有一首诗专门论述骆宾王和其他三位诗人的，诗中说："王杨卢骆当时体，轻薄为文哂未休。尔曹身与名俱灭，不废江河万古流"。结合这首诗和上面的故事，请对骆宾王的一生作出你自己的评价。

一代诗圣

阅读提示

读过唐诗的人，没有不知道杜甫这个名字的。杜甫在旧日的封建时代度过了他悲剧式的一生，但无论在什么艰苦情况下，他都不曾被社会的邪恶势力和自己的贫病所压倒。这正是我们后人在今天所应继承的宝贵的精神财富。

讲故事

杜甫，字子美，生于河南巩县的一个官僚家庭。母亲在他降生后不久便去世了，幼年时他寄养在京城洛阳的姑母家中。由于身受洛阳文化的熏陶，在他常常上树摘取梨枣的年龄，他的诗文在洛阳就崭露头角了。当时他心高气盛，踌躇满志。24岁那年，第一次来到京都长安应试却落第了。后来，他又参加了奸相李林甫把持的科试，李林甫最嫉恨文人和艺术家，因为这些人来自民间，不识“礼度”，他害怕他们任意批评朝政，对他不利，于是玩弄阴谋，让这次应试的举人全部落选。在这同时，杜甫的父亲在奉天县令的任上突然病死。杜甫只好在长安流浪。为了维持生活，他低声下气，充作几个贵族府邸的“宾客”，陪贵人诗酒宴游。在无聊的应酬中，杜甫白白耗去了青春的时光，不觉已经人到中年。他闲居长安，身染肺病和疟疾，靠领取官府太仓的稊米为生。公元751年秋天，长安连降大雨，到处墙屋倒塌。杜甫在旅舍里整整病了一个秋天，门外积水中游着小鱼，床前的地上也长满青苔。在这极端艰苦的生存环境中，他仍然坚持作诗。在诗中，他用自然活泼的语言述说了他的病情和他的饥寒，深切同情劳动人民所经历的痛苦。

“安史之乱”突然爆发时，杜甫正在宫廷做一个小官。由于战争，杜甫又开始了流亡的生活。他混杂在难民队伍里，由于过分疲劳，陷在蓬蒿里不能前进。这时，和他一起逃亡的人已经骑马走出了10里，忽然找不到杜甫，于是转回来，呼喊寻求，在万分危急的时刻救出了杜甫。逃难中，诗人目睹了烽火连天、田园荒芜、百姓流离的残酷现实。于是，他奋笔疾书，将他的所见所闻，在笔下浓缩成一幅幅凄惨的画面，凝聚成一声声血泪的诉说。他写下了著名的“三吏”“三别”诗，使他的诗歌创作达到了最高成就。

暮春三月，杜甫回到成都的草堂，推开堂门，满地野鼠奔窜。打开书卷，里边是些干死的壁鱼，水槛和药栏也都倾斜破毁，一片破败冷落的荒凉景象。他本想和从前一样，在草堂住下去，过着耕种的生活。但没有多久，他就被荐为节度使署中的参谋。杜甫本想再干一番事业，但实际上官府的倾轧使他苦恼万分。生活一天比一天恶劣，身体也一天比一天更为衰老。他耳聋了，客人和他谈话时必须把要说的话写在纸上；右臂偏枯了，写信须由儿子代书。衰老的容颜使他受尽幕府中官僚的冷淡。他有时去拜访他们，扶杖而行，门吏却不肯通报；想乘轿子，又没钱去雇。写过无数壮丽的诗篇的杜甫，从长安时起就尝尽残杯冷羹的辛酸，如今又沦落到这种地步。

5月，杜甫再次乘舟东下，几经周折，到了云安，他就再不能继续前进了。一路上，风湿使他形容枯槁；肺病和风痹症使他瘫痪了。在湍急的江水旁，他拄着一支拐杖，卧倒在舟中。从秋到冬，他的小船只是在湘江上飘浮着，他开始终日以藜羹度日。然而，正是在这艰难的环境中，他写了几百首诗。他以一腔悲愤写出了生命的最后一曲《风疾舟中伏枕书怀》。这首诗写完不久，诗人就在湘江上游的小舟中默默地死去。他用毕生的精力走完艰难的一生，而留给人们的是一份珍贵的精神财富—— 一千四百多首杰出的诗作和他那面对人生的悲苦毫不妥协抗争的精神。

动脑筋

(1)杜甫的茅屋被风吹坏了。为此，杜甫曾经写过一首什么样的诗？处在艰苦环境中的杜甫，在诗中想的是谁？他这种精神有哪些可敬的地方？

(2)像杜甫这样在艰苦中保持旺盛的进取精神和高昂斗志的人在生活中是很多的，甚至在你的周围就有。请你留心观察一下。如有可能，还可以把他们的事迹收集起来，或者以此为题写一篇体会文章。

千秋笔

阅读提示

很多人都知道颜真卿是我国唐代著名的书法家。他的书法雄浑苍劲，质朴端严，被世人称颂。但是，谁又知道他小时候是怎样在艰难环境下学习书法的呢？颜真卿的“书品”高，“人品”也高，高就高在他具有遇贫贱而不移，虽穷苦犹拼搏的品格。今天，当我们在窗明几净的环境中临习“颜体”时，是否曾想到了这些呢？

讲故事

颜真卿出生在官宦之家，他的祖父、父亲都是朝廷官员。童年时，颜真卿的生活环境还不算坏。但是，水流花落，好景不长。3岁以后，厄运便降临到颜真卿的头上。先是父亲颜惟贞因多年辛苦，积劳成疾，突然吐了几口血便染病不起。父亲过世之后，母亲变卖了房屋家产，遣走了侍女役夫，带着颜真卿等几个孩子，搬迁到一个简陋的住处，过着粗茶淡饭、勉强可以吃饱肚子的乡居生活。

颜真卿喜欢写字，每天都在那里描啊写呀，一直到天黑掌灯时分。可是家中的经济一天比一天困难，母亲虽然咬紧牙关，节衣缩食，千方百计凑些零钱买纸笔，但日子一久，也熬不住了，家里值钱的东西全都卖光了。除了一点点破烂器具，已空空荡荡了。

颜真卿是个懂事的孩子，他看到家境那么穷窘，决心帮助母亲，设法减轻家庭的负担。

门东有座草房，以前住着一个孤老婆婆。草房倒塌后，只留下几堵土墙颓立在那里。土墙是黄土夯成，上面有不少放牛、割草的孩子用树枝、镰刀写画的笔迹。颜真卿在这几堵黄土墙上打起了主意。

他想：不用纸、不用笔，直接在黄土墙上练字，不仅可以节省不少买纸笔的钱，还能练出一手硬功夫，使自己的字站得住，挂得起，多好啊！于是，他把想法告诉了母亲。

母亲正在为买纸笔的事发愁呢，听完儿子的这番话，连称是个好主意。母亲明白，儿子不仅学习刻苦，会动脑筋，而且，小小年纪已经懂得生活的艰难、理解母亲的苦衷了。

颜真卿折了段树枝当笔，在墙上写了起来，效果还不错；以后他又把芦秆削尖代替树枝，用秃笔蘸水写，效果就更好了。

日子一天天过去，树枝、芦秆不知写断了多少根，黄土墙经不起日削月割，天天磨损，终于有一天，这堵墙倒塌了。

土墙倒塌了以后，颜真卿便千方百计地寻找其他方法练字。他用笔蘸水在门前的大青石上写，写了用布团抹去湿痕再写。有时候，他弄来黄泥，捣碎后和上水，捏成一枝枝“黄泥笔”，放在屋檐下晾干。这下可好了，“黄泥笔”多得用也用不完。四周屋檐下，院子墙根里，全晾着大大小小、粗粗细细的“黄泥笔”，用这种泥笔在砖墙上和大石头上练字，不仅点划分明，还能看出提按和回锋，颜真卿高兴极了。路过的村人和行客总要在这里驻足，看一下颜真卿用“黄泥笔”在砖墙上练字，并夸赞几句，感叹再三。有的夸他小小年纪，书法上已有如此深的造诣；有的赞他聪明，自己竟能想出这种方法练字；更多的则是敬佩他少年即有大志，不为贫贱所移。

一天，一位老者到颜家串门。看见颜真卿正在用“黄泥笔”练字，老者就告诉他，要说练字，“黄泥笔”固然不错，但可用来练字的东西还有许多，比如在芭蕉叶、柿叶上也能练字。老者自己在缺钱买纸的时候，就曾经试过，效果很好，劝颜真卿不妨试试。老者还告诉他，他西邻吕老头家种的芭蕉叶最好，茎秆细，叶子肥大，可以讨些来栽栽。

颜真卿听了笑得合不拢嘴，拔腿就往村西吕老头家跑去。

吕老头为人热情慷慨，乐意帮助别人，早就喜欢上这个有志向、肯吃苦的孩子，听说颜真卿练字要芭蕉叶，当下就摘下一大捆芭蕉叶，又挑选了几株叶子肥大的芭蕉树连根挖起，送到颜真卿家院子里栽种起来。

颜真卿高兴极了，他细心照料这些芭蕉树。不久，嫩芭蕉叶已经从曲卷的蕉心抽出，嫩嫩的，鹅黄色，又肥又大，慢慢再度变成翠绿。但颜真卿舍不得采，一直到芭蕉叶长得适中，才细心采摘。

从此，颜真卿除用“黄泥笔”在砖墙上练字以外，又以芭蕉叶、柿叶代纸，在母亲的教诲下勤学苦练，一练就是十多年。

终于，颜真卿以自己精湛的书法艺术，开创了与王羲之《兰亭序》纤丽典雅秀美不同的书法新风格，获得了世人“颜筋”的美称。

后来，颜真卿踏入了仕途，做了一个秉性耿直、敢说真话的官员。在与安禄山、鱼朝恩、元载、卢杞等奸臣叛逆的斗争中，他临危不惧，处险不惊，沉着地应付着生活带给他的一切磨难。公元785年，颜真卿被奸贼陷害，在蔡州龙兴寺被李希烈杀害。

动脑筋

(1)书法大师颜真卿在艰难的环境中是怎样学习的？现在的学习环境比他好多了，你是怎样对待学习中的困境的？

(2)“世上无难事，只要肯登攀。”读完颜真卿的故事，和同学们一起畅谈一下这句成语给大家的启迪。

从特殊“家奴”到丹青妙手

阅读提示

这篇故事写的是钟隐。他本来是富家公子，却甘愿放弃舒适生活，卖身到名师门下做“家奴”，以求在绘画艺术上有所造诣。他自找苦吃，奋发进取，不怕磨难，积极上进的精神，值得我们学习。至于故事中的郭乾晖，不愿传艺于人，就其思想保守这一点看，是不值得效法的。

讲故事

我国古代南唐时有一个名叫钟隐的人。他出身富庶人家，从小喜欢画画。结婚成家后，他更加刻苦学习。为了拜师到名家郭乾辉的门下，在艺术上有更大造诣，他竟不惜自找苦吃，卖身为奴。

提起钟隐所景仰的郭乾晖来，画坛内外无人不知，无人不晓。他画的花，可谓形态逼真，苍翠欲滴；他画的鸟，更是栩栩如生，若啼若飞。然而只有一点令人奇怪，那就是，无论谁去找他求教，他都不教；而且连让人家看看自己的作画技法也不答应。这可难坏了一批批想学画的年轻人，他们每次来到郭画师的家门前，只能望而却步。钟隐比一般人拜师学画的心情更加迫切。如何去接触老师呢？送上一份厚礼吧，按照老师的为人，肯定不会收受；请人说情吧，郭老师也绝不会改变不收徒弟的初衷。正当他感到无门可投时，突然听说郭乾晖要买个家奴。“好，这是个机会。我就顺其所求，装扮成奴仆，不是能走进郭家的大门吗？”

第二天，钟隐穿着粗布衣服，带了一个小包袱，来郭府应聘。

管家见到钟隐后很满意，亲自把他带到主人面前说："老爷，您不是想找个仆人吗？这人要谋事做，我看他既年轻，又聪明，您就把他留下吧！"

郭乾晖上下打量了一下钟隐，只见他一身粗布短衫，脚穿麻鞋，倒像个干活的人；可他那身细皮嫩肉和聪慧灵敏的头脑，却与众不同，便问他："你是本地人吗？"

"不是，我是个读书人，是进京赶考的，不料路上遇到强盗，随身携带的银两被抢走，没有办法，只好暂时替人做奴，挣够了路费再走。"钟隐不假思索地回答说。

郭乾晖十分自信地说："我没看错吧。一看就像个读书人。既然有困难，就在我家做事，不会亏待你的；只有一样，让你做的事，一定要做好。"就这样，钟隐以"奴仆"的身份进了郭家的大门。

钟隐懂得，"奴仆"做事，要让主人满意。他从清晨起来打扫庭院，一直干到晚上关门熄灯，什么重活杂活都干，一天下来累得腰酸腿疼。这对钟隐来说真是不简单。因为他在家里，一切生活起居都由别人照顾，哪里干过这些粗活。当然钟隐也有很大安慰，那就是能目睹郭乾辉的许多画。当主人作画时，钟隐时而端水，时而沏茶，时而铺纸，时而研墨，时而打扇，时而掌灯。他做起事来眼尖手快，十分麻利，这样就能挤出时间侍立主人身旁，窥探他作画的技法，一笔一画都暗记在心头。每当夜深人静时，又回忆一遍，细心琢磨，经过日视夜思，逐步掌握了郭乾辉的绘画技巧。

主人从钟隐的一举一动中，也慢慢察觉出了一些破绽，后通过查询，这才知道钟隐竟来自本地的富庶人家。郭乾晖十分感动，他对钟隐说："你为了学画，不惜屈身为奴，老夫实不敢当。世上像你这样苦心求学的人真是难得，我今天就破例，收你为学生。"

从这以后，钟隐终日相随老师作画。无论是花前柳下，田间蹊径，还是春暖乡间，茫茫雪地，都留下了师生俩一起观察自然，切磋画技的身影和足迹。后来，钟隐不仅学到了老师传授的全部画技，而且他的画意独具匠心，技艺炉火纯青，终于成为一名擅长画花鸟的丹青妙手。

动脑筋

(1)读了这篇故事后,你受到了什么教育?一个人想干一番事业,总要设置目标。既要有长远的大目标,也要有从脚下起步,经过短期努力就能实现的小目标。在实现目标的进程中,如果遇到了麻烦和挫折,你应当怎样去对付?

(2)用一句话概括一下钟隐自讨苦吃的精神。

写《示儿》诗的老翁

阅读提示

陆游是我国南宋伟大的爱国诗人。他一生坚决主张并积极参加抵抗金兵侵扰中原的斗争。为此,他屡次受到投降派的打击,走过了艰难的人生历程。

讲故事

南宋时,陆游从嘉州奉调到蜀州,以通判身份代理蜀州的政务。这是一个很闲的差事。陆游空闲时,萦绕在他脑海里的常常是南郑前线的战事。

那时, 金兵大举入侵中原。南宋的人民都渴望收复失地。可是投降派却千方百计加以阻挠, 朝廷也根本没有什么出兵的准备。陆游的愁闷心情无法排除,只好出入茶坊酒楼,借酒消愁。然而,喝酒并不能解除他心中的愁闷。这年初夏,陆游在幕府里看到一本描写北宋旧都汴京的书。他一面读着,一面沉思。他想到今天的汴京还被敌人占领着,那里的人民正在受苦受难,而朝廷中把持着政权的妥协投降的官员对抗战非常反感,并且加以百般刁难。陆游越想越气愤,心里没法平静,满肚子的牢骚、激愤,一下子发泄出来了。他大声责骂道:"朝廷中忍心屈辱求和的书生,简直是一群腐儒!"

由于陆游积极主张抗战,反对妥协投降,不久,朝廷中的投降派对他进行了打击迫害。本来,陆游要调往嘉州任知府,朝廷中主和的官员却乘机进行造谣、污蔑,给他加上一项"不拘礼法""宴饮颓放"的罪名,这样,陆游受到了罢免嘉州官职的处分。

陆游又一次遭到沉重的打击，心里更加愁闷。在这种孤独、失望的情绪中，他仍然觉得自己的人格是清白、高傲的。

一天傍晚，天空灰蒙蒙的，细雨霏霏。陆游正漫步在一座驿站的旁边。这座驿站年久失修，早已破败。陆游在细雨中望着这副凄凉的景象，反而觉得与自己的寂寞心境正相适宜。他正在独自发愁的当儿，忽然看到驿站外面断残的小桥旁边开着一株梅花。

陆游的一生是很喜爱梅花的，他曾经写过一百多首咏梅的诗词。在他看来，梅花的性格刚劲、坚毅，不怕风吹雨打，不畏冰雪严寒，所以赞美梅花是“花中气节最高坚”。可是，眼前这株梅花，冷冷清清地饱受着风雨的侵袭，无人过问。尽管是这样的遭遇，梅花依然独自吐着芬芳，散发出一阵一阵的幽香。这不正是自己遭受投降派嫉妒、排挤和打击的命运的写照吗？这不正是自己寂寞愁苦而又坚贞不屈的性格的象征吗？陆游想到这里，心潮翻腾，无法平息。在蒙蒙细雨中，他写下了一首《卜算子・咏梅》的词：

驿外断桥边，
寂寞开无主。
已是黄昏独自愁，
更著风和雨。

无意苦争春，
一任群芳妒。
零落成泥碾作尘，
只有香如故。

词写好了，陆游反反复复看了几遍，觉得这首小词，寓寄着自己的心情，与其他咏梅的词相比，别具一格。一种悲愤和激动涌上心头，他想起强加给他头上的“不拘礼法”“宴饮颓放”的罪名，心里非常气愤，真是“欲加之罪，何患无辞”。这件事说明朝廷中主和投降的官员是什么手腕都能使得出来的。不过，要我屈服是办不到的。想到这里，陆游提起笔来，愤愤地又写了一首诗，索性称起自己“放翁”来，作为自己的别号，以表示自己的不屈精神。

光阴飞逝，陆游的报国之志终未实现。不久，一项同金兵议和的协议达成了。这是一份对国家和民族来说是奇耻大辱的和议。南宋朝廷中主战的官员，有的被杀，有的被流放到远地，全都受到了处分，而朝廷的大权全部落到了投降派手里。腐朽的南宋王朝从此一蹶不振，再也不能收复中原失地了。

陆游在经历着精神折磨的同时，他的身体也越来越变得衰老了。他倒在病床上已有一百多天了，病势还在加重。这位85岁的老人，在多次打击面前都不曾倒下，这次，他知道自己的病恐难好转。但是，他对抗战事业，依然念念不忘。病危的时候，他的家人都拥着床边。他让儿子站到自己身边来，紧紧地拉着儿子的手说："如果有朝廷大军收复了失地，统一中原的那天，我们家里举行祭祀，一定别忘了告诉我啊！"说完，要儿子取来纸笔。陆游支撑着身子慢慢地提起笔，写下了一道《示儿》诗：

死去元知万事空，
但悲不见九州同。
王师北定中原日，
家祭无忘告乃翁。

诗写完了，人们看着他慢慢地闭上了眼睛。这位历经磨难而不悔的诗人带着不忘收复失地的悲愤心情与世长辞了！

动脑筋

(1)陆游在他那首著名的《卜算子·咏梅》词中表达的是一种什么样的心情？

(2)读陆游的故事，品味老人的一生，再朗读《示儿》诗，从中体会陆游一生不屈不挠的精神。

东坡赤壁留佳话

阅读提示

无端受诬，遭到突然不幸，是人生中很残酷的一幕。北宋大文学家苏东坡忽因“乌台诗案”而屡遭贬谪流放。正是在这种惨景中，苏东坡豁达乐观，遭厄运而不屈，表现了中华民族志士仁人们不避坎坷的情怀。他的故事很有启迪作用。

讲故事

1079年，苏东坡在徐州、湖州做地方官吏。他常到各地了解民间疾苦，看到地方上执行新法的弊政，怏怏不乐，就用诗词抒发自己的郁闷，写下了《湖州谢上表》等针砭时弊的文章。

当时朝廷中新上台的一些人，完全没有人品和革新精神，只会钻营，玩弄权术，包藏祸心。朝廷有人，穿凿附会，打击报复，偷偷收集了苏东坡历年来托物寄兴、反映人民痛苦呼声的诗文，当作他诽谤、讽刺朝廷的罪证。中央御史台的御史李定等人，纠集一伙人，诬陷苏东坡写诗词攻击朝廷，报告到皇帝那里。

昏庸的皇帝立即下令对苏东坡撤职查办，狱吏如狼似虎地扑上来，当即一条铁链，一副枷锁，使苏东坡顷刻间成了囚犯，关在死牢内。

苏东坡被关进死牢后，生死未卜。朝廷对此案的态度也很复杂，有的人要置他于死地，有的人却敢于冒死营救他。由于上下内外多方营救，神宗皇帝也怕后人讥笑他不能容才，便亲自过问案件。他说："苏东坡罪不至死，从轻发落"。这样，苏东坡在死牢里被关了一百多天后，终于出狱，被贬官为黄州团练副使。

苏东坡被贬逐黄州后，开始自己料理生活。终日要为一家的柴米油盐操心，过着"人人知我囊无钱"的生活。

苏东坡并不畏惧困难的处境，他一边耕地，一边谋划如何节俭过日子。他给自己立了一条规矩，每天的费用不得超过一百五十钱。月初，取四千五百钱分为三十串挂在屋梁上。每天用叉挑取一串用，然后就把叉藏起来，这一百五十钱如果没有用完，就另外放到一个竹筒中，以作招待朋友用。这样，苏东坡亲自参加劳动，又注意节俭，不但解决了糊口的问题，闲时还写作了很多诗词书画，至今被人们传为美谈。

时间一下过了几年。一天，苏东坡在黄州碰见了一位四川道士杨世昌。杨世昌擅长诗文，精通音律，很有才学，是苏东坡的老朋友。

苏东坡感慨地回忆起过去的生活和厄难。杨世昌说："苏公怎能长久埋没在黄州？您本应为国家干一番事业，现却遭受磨难，真是不该啊！"

苏东坡听罢，眼睛湿润了。面对眼前辽阔雄奇的长江，他念起了新近写成的一首词《念奴娇·赤壁怀古》：

大江东去，浪淘尽，千古风流人物。故垒西边，人道是，三国周郎赤壁。乱石穿空，惊涛拍岸，卷起千堆雪。江山如画，一时多少豪杰。

遥想公瑾当年，小乔初嫁了，雄姿英发。羽扇纶巾，谈笑间，樯橹灰飞烟灭。故国神游，多情应笑我，早生华发。人间如梦，一樽还酹江月。

词中，苏东坡以周瑜打败曹操，为国家建立了不朽功业，来和自己"华发""早生"，功业无成形成鲜明的对比，表现了对周瑜英雄业绩的向往，对自己报国无门、被贬逐后壮志难酬的感愤。

听了苏东坡吟唱《念奴娇·赤壁怀古》，杨世昌感到文章气势磅礴，如长江一泻千里，赞叹道："妙极了，真是杰作啊！"

晚上，苏东坡回到住地临皋亭，仍然回味白天赤壁怀古的情景，心潮难平，又提笔写下了《前赤壁赋》，过了3个月，他又写了一篇《后赤壁赋》，两篇文章表现了两个完全不同的艺术境界，成为千古绝唱。

在这两篇被后人称颂为《前赤壁赋》《后赤壁赋》的文章中，作者情感的

▲《念奴娇·赤壁怀古》

波澜流露笔端，反映了苏东坡对坎坷命运泰然处之的人生态度。这两篇文章艺术效果很好,所以不胫而走,广为流传。

动脑筋

(1)苏东坡写过一首诗:“雨洗东坡月色清,市人行尽野人行。莫嫌荦确坡头路,自爱铿然曳杖声。”读了这首诗,你能从中感受到苏东坡不畏逆境,傲视磨难的精神吗?

(2)黄州赤壁因苏东坡的关系而扬名天下,至今那里仍保留着苏东坡的不少遗迹和碑刻。能不能组织一次到黄州赤壁的春游活动,亲身体验一下当年苏东坡谪居黄州的生活?

身陷囹圄绘宏图

阅读提示

沈括是我国北宋时期著名的科学家和政治家。他学识广博、多才多艺。《梦溪笔谈》是他的代表作。在这部书中有关记述我国自然科学辉煌成就的部分，是对劳动人民的贡献和沈括自己研究成果的总结，在中外科技史上占有重要地位。本篇写的是沈括身遭厄运，被朝廷软禁在一个破庙里，仍精心绘制巨型地图——《天下州县图》的故事，从一个侧面反映了他对发展我国古代地理学所作出的卓越贡献。

讲故事

北宋时期，均县（现湖北随州市）有一古刹——法元禅寺。寺院建在偏僻的山陵之中，周围是茂林修竹，远离市井的喧哗，倒显得十分静谧。只是殿宇多年失修，大风大雨大雪总要从瓦隙墙缝中钻入施虐，居于其内的人难以忍受。

庙中少有香客敬神拜佛，只有两三个看庙的僧人打坐念经。

公元1081年，这个庙里添了一位遭贬谪的“罪人”——沈括。他是遭人诬告，被朝廷软禁在这里的。

沈括在朝廷中曾是执掌大权的一位显赫人物。公元1069年，革新派代表王安石担任参知政事，开始在全国进行大规模的变法运动。沈括作为倡导和拥护改革的骨干分子，自然受到王安石的信任和器重，担任过管理全国财政的最高长官——三司使等重要官职。

新与旧的斗争是异常激烈的。由于顽固派的肆意诋毁，公元1076年王安石的变法宣告失败。沈括也跟着倒霉，先后被降职、革职、流放，最后被软禁到这个庙里。

此时沈括年已51岁，由于受到不公正待遇，身体消瘦，面容憔悴。但是他没有忘记，还有一件大事要做。几年前，宋神宗曾下谕，要他画一幅全国地图——《天下州县图》，当时他担任三司使，衙门里的公务十分繁忙，要阅读和签批很多文书，有的要及时上报给皇帝批阅，有的要下发到各地执行。虽然公务缠身，沈括还是充分利用时间，当他白天处理完案头工作后，就打开从政府图书馆借来的图书、地图等等，一边看一边摘记资料，为绘制巨型地图做了必要的准备。

沈括这次被流放到均县，被软禁到深山古寺中，虽是一种厄运，但是也为他提供了难以寻觅的安静之所。他想到：尽管这里凄风苦雨、孤寂冷清，但不正好可以在这里专心一意地绘制《天下州县图》吗？于是他在庙里找了一间空房，用一张破旧的桌子做书案，把从京城中带来的书籍、图册、资料、图纸置于案头，边研究，边考订，边一点一点绘制。他每日起得很早，睡得很晚，一日三餐同几个僧人一起吃素。伙食的粗劣是可想而知的。然而生活上的艰辛，并未影响他研究和绘图的效率。这位年过半百的老人，仍像小学生一样，每天都按既定的计划进行，不完成规定指标绝不休息。

冬去春来，3年时间不知不觉过去了。沈括绘制的巨型地图的草图也已经完成。就在这一年，沈括遇赦，移居浙江。他在赴任途中，顺便考察了湖北、江西两省的部分地区，获得了修改、充实"地图"的第一手资料。自此以后，沈括走到哪里，总将这部图稿随身携带，一面在那里考察地理，一面继续修订地图。算起来，从着手准备画图，到最后完成这套大型地图集——《天下州县图》，沈括前后共花费了12年时间！

这套地图总共有20幅，包括1幅总图，高1丈2尺，宽1丈；1幅小图，是大图的浓缩；还有18幅分路图（按当时行政区划，全国分成18路）。这套地图不仅图幅巨大，内容详尽，达到了历史上前所未有的水平，而且从制图方法上，除了吸取了我国西晋著名地理学家裴秀的绘图经验外，还有不少新的开拓和创新，使图的精确度有了进一步提高，为我国古代地理学做出了重要贡献。

动脑筋

(1)沈括曾说:“专心致志,毕力于其事而后可”。这句话是什么意思?他遭软禁后,是否是按他所说的去做的?

(2)沈括身陷囹圄,置个人生死于度外,仍潜心绘制巨型地图。他这样做值不值得?为什么?

童养媳的出走与成才

阅读提示

在封建社会的长夜里，劳动妇女被许多无形的绳索捆绑着，处在生活最底层，备受欺凌和迫害。

这篇故事的主人公黄道婆，原是一名童养媳，命运更加悲惨。然而，她能从苦水中挺立起来，勇敢地反叛封建家庭，只身到海南落户，通过几十年的刻苦实践，悉心钻研纺织技术，再加上黎族妇女的热情帮助，黄道婆终于摘取了我国古代杰出女纺织家的桂冠。

讲故事

黄道婆，生于南宋末年，是松江乌泥泾（今上海市华泾镇）人。她出身贫寒，为生活所迫，十二三岁就被卖给人家当了童养媳，受到封建礼教的万般迫害。她白天下地干活，晚上纺纱织布，一天到晚要干十五六个小时的活。繁重的劳动压得她直不起身子，而吃的却是残汤剩饭。对此，公婆和丈夫还不满意，动不动是恶言恶语，有时还拳棍相加。

有一次，黄道婆被公婆、丈夫一顿毒打后，被锁在一间堆柴火的黑屋里，一不准吃饭，二不让睡觉。黄道婆左思右想："如果继续忍受虐待，只有死路一条；不如横下一条心，从这座牢狱中逃走"。拿定主意后，趁夜深人静时，她爬到柴火堆上，将房顶捅了一个洞，就爬到了房顶上，再从矮墙上纵身跳下，一口气跑出了村子，然后直奔黄浦江，偷偷地躲到一艘海轮上。船工听到黄道婆的述说后，对她的悲惨身世深表同情，便带着她渡海来到了海南岛南端的崖州。

在黑暗的封建社会里，一个年轻女子，只身流落他乡，人生地疏，无依无靠，面临的困难是不言而喻的。但是淳朴热情的黎族同胞十分同情她的不幸遭遇，不仅在生活上给予她无微不至的照顾，而且毫无保留地传授给她纺纱织布的先进经验。（棉花最早产于南亚。种植棉花技术是从云南、新疆等边境入口，逐步传到我国内地的。因此，海南地区当时棉纺织技术水平要比长江流域高得多。）

黄道婆虚心向黎族同胞学习，并且融合黎汉两族人民纺织技术的长处，逐渐成为了一名出色的纺织能手。她在崖州生活了二三十年之久，和当地黎族同胞结下了深厚的情谊。

然而，上海乌泥泾是黄道婆来到人世的“根”。她抱着对根的思念，在公元1295年又回到了阔别三十多年的家乡。

黄道婆回乡后，对当地落后的棉纺工具做了大量改革，创造了一整套“擀、弹、纺、织”工具。例如在纺车方面，当时松江一带用的是旧式单锭手摇纺车，效率很低，要三四个纺纱车才能供上一架织布机的需要。为了改革这种落后的工具，提高工效，黄道婆就跟木工师傅一起研究设计。经过反复试验，终于黄道婆创造了一种三锭棉纺车，使纺纱效率一下子提高两三倍，而且操作也很省力。

黄道婆除了在改革纺织工具方面作出了重要贡献外，还把自己精湛的纺织技术传授给家乡人民，使得乌泥泾出产的被、褥和佩巾等棉织品，上面有各种美丽的图案，鲜艳如画，别具一格。由于技术领先，乌泥泾的棉纺织品“不胫而走”，不仅是当时全国的名优产品，而且到了后来，还远销欧美，享有很高声誉。

由于黄道婆对棉纺织技术做出了巨大贡献，劳动人民一直深情地热爱她、怀念她：

黄婆婆，黄婆婆，
教我纱，教我布。

这是一首上海一带劳动人民世世代代传诵不绝的民谣。它歌颂了我国古代杰出女纺织家黄道婆对我国棉纺织业的巨大贡献，歌颂了她热心传播棉纺织技术的高尚精神。

动脑筋

(1)作为童养媳的黄道婆,是怎样从磨难苦海中走出来的?她对我国棉纺织业的发展作出了什么贡献?

(2)黄道婆身处厄境时,如果她表现怯懦,不敢走上反叛封建家庭的新路,结果又可能会是什么?

困苦励大志　画笔独有神

阅读提示

王冕，7岁丧父，从小给人当牧童，喝了不少苦水。一天，暴雨后所显露的山光水色激励他拿起了画笔。从此，他勤学苦练，终于成了享有盛誉的画家。王冕在逆境中成才，是他注重开发自身潜能的结果。

讲故事

元朝末年的画家王冕，7岁时就死了父亲，家里生活很穷。母亲帮人做针线活挣点钱送他上了3年学。

10岁时，母亲对王冕说："不是我有心要耽误你的学业，只因年成不好，柴米价格又昂贵，家中一些破旧衣服和家具，当的当了，卖的卖了，现在一无所有了，光靠我做点针线活，实在供不起你读书。没有办法，妈只好让你替隔壁秦家去放牛，每月可得几钱银子，还可以吃饱肚子。"母亲说完后伤心地哭了。王冕本想一直在学校读书，因为书对他有很大的吸引力。不过，他也理解家中处境，便对母亲说："母亲，不要伤心，我完全听从您的安排。再说，我一边放牛，还可以一边学习呀！"

王冕到秦家后，每天一清早就去放牛。牛犄角上挂着几本书，当牛在草地上慢慢吃草时，王冕就坐在大树下看书，直到天黑才拉着牛回到财主家。

晚上，他想看书，但点不起油灯，怎么办呢？王冕突然想起，放牛时曾路过一座寺庙，非常肃静，寺庙的神坛前，不是日日夜夜地点着一盏长明灯吗？

想到这里，他不禁自言自语道：“对！就这么办。”他每天晚上收工后，就夹着书，揣着一个荞麦粑粑跑到一两里路远的寺庙里去，蹲在长明灯下埋头苦读。

王冕很喜欢在湖边放牛，那里杨柳成行，绿树成荫。有一天正午，天气闷热极了。牛在湖边吃草，还喘着粗气。王冕光着赤膊仍在树荫底下看书，突然间，天上布满了黑云，一阵疾风，跟着就下起了一场暴雨。气闷的感觉消除了，人和牛都显得舒畅了许多。雨过天晴，天空格外晴朗，阳光穿过薄薄的白云，照在碧波荡漾的湖面上。湖那边的小山也变得紫一片、青一片、红一片、绿一片的，树枝都像是被水洗过的一样。尤其是满湖的绿荷更叫人喜爱。碧绿的荷叶上，滚动着亮晶晶的水珠。湖中还有十几朵荷花，花朵上清水滴滴。这景致真是美极了。王冕看了一会儿，突然想起古人曾说过“人在图画中”，这话说得真好！我今天不也是在图画中吗？可惜我们放牛娃中没有一个会画画的。接着又想：“我这个放牛娃就来学画画吧，偏不信天下有学不会的事。”从此，他对荷花观察更仔细了，远着看看，近着看看；晴天看看，阴天看看；早晨看看，傍晚看看，努力分辨荷花在不同时间，不同情况下的细微差别。然后，他又把攒下的一点点钱，托人到城里买了胭脂、铅粉、纸张之类的东西，就开始学画画了。初学时画得不好，他不灰心，仍勤学苦练，虚心向别人请教。几年之后，他把荷花的姿态、颜色、精神，都画得很像了。后来他不用线条勾轮廓，只是用颜色（或墨汁）直接在纸上画荷花，人们赞不绝口地称为“没骨花卉”。一传十，十传百，人人都争着购买他的画。王冕画师由此而出了名。

王冕的画有“三绝”。第一是画荷花，前面已作介绍。第二是画牛。由于少年时期和牛在一块。对牛的吃草、反刍、走路、休息、互斗等都十分熟悉。因此，画起牛来得心应手、特别快，站在旁边看的人，刚看几眼，赞美的话还没来得及说。一头牛就出现在画面上。第三是画墨梅。他画枝干，用笔顿挫相宜；画枝梢，可以一笔拉几尺长，枝断而复连，真是俊俏美丽，显现出梅花坚贞不屈的风姿。

王冕画艺精湛，下笔传神，在中国美术史上写下了令人称颂的一页。

动脑筋

(1)夏天的阵雨过后，绝妙的湖光荷色令人陶醉。王冕为什么能抓住这种机遇，促使他产生要学画的念头？后来他为什么又能成为著名的画家？

(2)请你再思考一下：促使人绘制美好蓝图、追求自身进步和发展的机遇是存在的，为什么有人能抓住，有的人却抓不住呢？

百炼成钢

阅读提示

这篇故事是讲铁木真。铁木真，蒙古语的意思是“精钢”。然而，他开始并不“钢”，而是在改变受欺凌的地位并经历了死亡线上的磨难后，才“百炼成钢”的。铁木真完成了统一蒙古各部落的大业，在军事史上留下了赫赫英名。毛泽东同志称颂他为“一代天骄”。

讲故事

公元1162年，在蒙古高原斡难河旁的一个蒙古包里，诞生了一个男婴。父亲见到这个刚出世的孩子，长着大大的脑袋，乌黑的眼珠，就给他起了个名字叫铁木真。

那时候，蒙古族并未统一，它被分成大大小小一百来个部落，各部落之间不断发生仇杀和战争。铁木真的父亲也该是一个部落的首领，因有旧仇被敌对部落派人用毒酒毒死了。

父亲死后，留下了妻子和6个孩子。铁木真是老大，当时13岁。他有4个弟弟和1个妹妹，铁木真的母亲领着这一大家人，生活十分艰辛，常常遭受别人的羞辱和迫害。

一天，铁木真带领弟妹到山中狩猎，忽见泰赤乌部落的人像老鹰扑小鸡般地压了过来。铁木真心明眼亮，急忙把弟妹藏入灌木丛中，他自己则跃马迎上前去，与泰赤乌人弯弓斗射。对方欺他年幼，径直冲过来，哪知道铁木真的箭百发百中，只听弦声一响，为首的头目已被射倒。冒犯的敌人慌忙勒转马头，退后一箭之地，然后大声地叫道："要拿铁木真的人头！"铁木真且战且退，将敌人从弟妹们身边引开了，逃到一座小山包后，便钻入丛林中藏了起来。

泰赤乌人惧怕铁木真的弓箭，不敢贸然进入丛林，便铁桶般把山包封死了。当时正值夏天，火辣辣的太阳把丛林晒得像一个大蒸笼。铁木真在里面又热又燥，还有可恶的蚊虫叮咬。没有法子，他只好脱下外套把脸裹着，就这样苦苦地隐藏在林子里。铁木真在丛林中一藏就是8天，到了第9天，铁木真心想："待在这儿也是死，不如冲出去跟他们拼了！"铁木真刚下山来，猛然听到一声呼哨，随即连人带马跌入陷坑，被泰赤乌人捉住了。

这一天，泰赤乌部族的人，正好在斡难河畔饮酒作乐。由于要把铁木真处死，所以只给他戴上枷锁，派一名士卒看押着。夜幕降临了，泰赤乌人一个个喝得东倒西歪，那个看守的士卒也偷偷喝了不少酒，瘫软在地上打着呼噜。铁木真一阵狂喜，心想："这真是天赐良机，此时不跑，更待何时！"他抖擞起精神，悄悄地把自己的身子挪动到那个看守的士卒的身边，然后用套在身上的枷锁，朝着看押人的头部猛击几下，便脱身逃走了。

铁木真跑了一段路后，两条腿像灌了铅似的，再也跑不动了。就在这时，一个壮汉突然站到他的面前叫道："铁木真，你好大的胆子，为何要逃跑？"铁木真心想"这下全完了，我的脑袋保不住了！"于是在那里待着，只等这个壮汉下手。谁知这个壮汉不仅没有动手杀他，反而压低声音说："别慌，我叫锁儿罕，看你小小年纪，不忍心杀你。你赶快逃吧？若见到别人，休说见到过我！"说罢转身离去了。

铁木真此时腹中空空，身上又戴着枷锁，如果再遇到一个不是锁儿罕那样的泰赤乌人，就要丧命了。铁木真想到这里干脆不跑了。他悄悄尾随在锁儿罕的身后，当锁儿罕大步跨进家门时，发现铁木真跟在后面，便厉声责怪说："铁木真，这里四处是泰赤乌人，你竟敢跑到我的家里来！"

话音未落，室内走出锁儿罕的两个儿子。他们弄清铁木真的遭遇后，就劝说父亲："阿爹，铁木真遇到大难，我们不能见死不救。常言说：兔被鹰逐，树儿草儿尚能把它藏起来，难道我们父子三人反而不如草木？阿爹，我们一定要救救铁木真！"

锁儿罕见儿子说得有理，忙唤铁木真入内，撬开枷锁，拿出牛奶、羊肉，让铁木真饱饱吃了一顿。此后，又让小女儿把他带到羊毛车中躲起来。铁木真闷在车中，天气又热，直到下半夜才朦朦胧胧睡着了。正在这时，忽听锁儿罕的女儿跑来报信说："不好了，不好了，外面来人抓你了，快快用羊毛把身子盖住！"边说边拉扯了一堆羊毛，将铁木真藏在下面，然后关上车门就跑开了。

一伙泰赤乌人闯了进来，大声叫道："铁木真，莫非就藏在这个车子里，快搜！"

叫嚷间，车门已被打开，铁木真缩成一团，眼看就要被发现了。只听锁儿罕说道；"真是笑话，这么热的天气，羊毛怎么能藏住人，热也热死了！"

那伙人听到这话就没有继续搜了，只把表面的羊毛翻了几下，就骂骂咧咧地走开了。

铁木真可谓是大难不死，绝处逢生。他急忙从羊毛车里出来，扑通一声跪倒在锁儿罕面前，眼含热泪说："您就是我的再生父母！"

锁儿罕将他扶起来说："不必多礼。你虽然年少，却能经受如此大难，今后可望成就一番大事业。"说完让自己的两个儿子与他结为生死兄弟，又牵来一匹骏马，带上弓箭和食物，催他速速离开这个危险之地。铁木真谢了又谢，一步一回头地走出锁儿罕的家门，挥泪加鞭而去。

类似这样的磨难，铁木真的少年、青年时期还经历了不少。正是这些磨难的洗礼，使他后来终于成为统一蒙古各部落的伟大人物，被誉为"成吉思汗"（"汗"，是蒙古语对君主的称呼，"成吉思"在蒙古语中是强大的意思）。

动脑筋

每个人都会遇到这样或那样的困难。如果你敢于向困难挑战，通过与困难搏斗，从中一定能培养自己的能力和优良品质。请你用具体事例加以说明。

榜上无名 脚下有路

阅读提示

榜上无名，考试落选，是人生路上经常可能遇到的挫折。对于这个转折，有的人能够很快地适应下来，但也有不少人茫然无措。那么，四五百年以前的医药学家李时珍是怎样对待这种考验的呢？下面的故事可以回答这个问题。

讲故事

公元1541年，也就是明朝嘉靖二十年9月的一天，圻州镇（今湖北省蕲春县境内）东门外雨湖边，一个年轻人正在徘徊。他，中等身材，瘦骨嶙峋，穿一件土布长衫，目光呆滞，颧骨突起的两颊，泛起病态的红晕。这位年轻人就是23岁的李时珍。

这时天空乌云陡起，一阵狂风从湖上卷来，卷走了湖边许多屋顶的茅草，眼看一场大雨就要来临。干活的人们，匆匆收拾了一下，很快就都不见了。而李时珍却没有动，他站在湖边，抬头望天，丝毫没有理会这即将来临的暴风雨。他在沉思，不时还长长地叹着气。

是什么事情使他如此痛苦呢？原来，上个月他去武昌参加乡试，今天黄榜下来，他左找右找，又没有找到自己的名字。这种考试，通常是每隔3年举行一次，而今连这次他已经是第三次落榜了。第一次是17岁那年，他初考未中，回到家乡苦苦攻读了3年，身体也读垮了，得了肺结核病。20岁时，他抱病再次投考，结果还是没有被录取。又读了3年书，李时珍参加今次的考试，哪里想到依然是榜上无名。

其实，李时珍是个很聪明也很用功读书的青年。在他很小的时候，父亲就教他学习历代文人的诗词。他5岁入学时，老师指着窗外考他：“远山隔林静”，要他作对，他随口而答：“明霞对客飞”。老师又让他背诵旧诗，他一口气背诵了几十首。老师很喜欢这个天资聪慧的孩子，经常手把手地教他。14岁时他就考上了黄州府的秀才。李时珍读书时对历史、文学、农艺、医药、天文、地理、音乐等书特别爱好，常常下苦功夫钻研里面的问题。那么，他又怎么屡试屡败呢？

原来，李时珍对那种为封建统治阶级歌功颂德的八股文没有兴趣。他实在不愿诵读和写那种讲假话的八股文。但是，由于当时的社会环境，依然是“万般皆下品，唯有读书高”。读书，主要是读的这种八股文。李时珍的父亲是个乡村医生，社会地位很低，经常受人欺负和歧视，所以巴不得儿子能够读八股文，考中状元，争取功名，将来出人头地。父命难违，李时珍怀着一种别扭的心情应试，结果三次都没有考上。

现在，李时珍认真地思考着自己的前程。他拍拍自己的脑袋，想：连续三次考试未中，传出去，富家子弟会嘲笑自己，父亲也会生气的。怎么办？过3年再去考？不行。心里别着，身体不好，还是考不取的。在家里劳动，从此不再读书，父亲不会同意，也不合自己的心意。那么，怎么办呢？想着想着，一阵大雨来了，湖上波涛汹涌，岸上雨点袭来。李时珍的衣衫湿透了，脸色更加苍白。

也就是在这个时候，他坚定了一个信心：为什么非要走科举这条路呢？掌握自己的命运，不一定都要去考上举人、秀才。多学些知识，做个有本事的人，不是一样可以实现自己的理想么？

回到家里，李时珍慎重地对父亲说：“我想好了，从此不再应考，跟您学医。”

父亲听后吃了一惊：“端这个饭碗可不容易呀，而且，人家瞧不起咱们。”

“不，给乡亲们看病，乡亲们会瞧得起的。”

“不过，学医也不容易，你能学好吗？”

“能，俗话说，久病成良医。孩儿从小体弱多病，您给我治病过程中，我已经学了不少知识。今后，我专心学，一定可以学好的。”

看着儿子眼睛里那坚定的目光，父亲点点头，答应了李时珍的要求。

李时珍开始了新的生活。早晨，他给父亲种的药草松土、除草、浇水；晚

▲李时珍历尽艰辛采百草

上，在昏暗的油灯下，他刻苦阅读古典医书，听父亲讲解。如有人来诊病，他就站在旁边照料，默记着父亲怎样询问病人病情、如何开出药方。遇到危重病人，他还帮忙煎药，护理。有时李时珍跟父亲出去采药、晒药、制药。不久，他就能独立地给一般的病人开处方了。

慢慢地，李时珍开始有了名气，就诊的人越来越多。由于他刻苦、细心，善于在实践中总结，给不少人治好了疑难杂症，以后终于成为了当地的名医。

后来，他为了给祖国编著新药典，冒着死亡和病倒在野外的危险，走了几万里路，请教了上万人，经过27年的辛勤编写，终于写成了一百多万字的医药宝典《本草纲目》。

动脑筋

（1）重点中学张榜公布了新生录取名单，榜上没有莉莉的名字。她当场就哭起来了，还跌着脚说："完了，一切全完了！我今后还有什么前途呢？"针对莉莉的说法和做法，你应当怎样去帮助莉莉？

（2）有人认为，考分是衡量一个学生好坏优劣的唯一标准。你觉得这种看法对吗？能不能用李时珍的例子去反驳这种观点？

坚强奇人

阅读提示

徐霞客一生的大部分时光是在旅行中度过的。他战胜了许多磨难，有许多重要发现。特别是他对我国西南地区石灰岩地貌的考察和研究，在中外科学史上占有重要地位。本篇故事表现了他面对艰苦、险恶的考察环境，毫无畏惧、勇往直前的精神。

讲故事

公元1607年，一位英俊青年，背起行囊，告别母亲，从家乡江苏江阴出发，投身到祖国辽阔的大自然中，从此开始了他一生的艰苦旅行和探险生涯。这位英俊青年，就是我国著名的地理学家徐霞客。

徐霞客的母亲是一个视野很开阔的女性。她对儿子的出游，不但不加阻止，反而多方鼓励。当徐霞客第一次游太湖时，她还特地为他缝制了远游冠，以壮行色。以后，徐霞客每次旅游归来，她都要详细地询问和听取儿子的旅游见闻。母亲的鼓励和支持，更加坚定了徐霞客矢志远游的决心。

"问奇于名山大川""穷九州内外，探奇测幽"，这就是徐霞客的心愿。他从22岁起，到56岁病逝前半年为止，三十多年中，几乎都在外出游历。他所到之处多半是人迹罕至的地方，除了偶尔乘船，绝大部分时间是徒步跋涉，而且经常自己背着行李。遇到满山遍野的树木竹林，徐霞客就穿行而过；倘若奔腾的河流横在面前，徐霞客也不需要桥梁，往往是泅渡过去。他搜奇访胜的心情非常强烈，见到陡峭险峻的危岩高峰，必定千方百计登临它的顶巅；遇到深邃莫测的洞穴，决不轻易放过，哪怕是像猿猴一样攀援，或者像蛇似地匍匐爬行，他也要把洞穴的里外情况弄个水落石出。例如游罢嵩山顶峰下山的时候，他起先是拉着丛条往下走，后来进入一个沟壁陡直的石峡，他不得不在岩丛林莽中顺溜直下。在湖南考察三分石，周围是茂密的竹林，地上是尖峭得不能容足的岩石，他便手攀丛竹，悬空而行。在云南游石房洞的时候，他只身攀登陡峭的山坡，山坡上的岩石和表土风化严重，极易脱落，偶然找到几块坚固的岩石，只能绷紧脚跟，贴着双手，像挂在岩壁上一样，缓缓移动，许久才爬到洞口。徐霞客是个意志极其坚强的人，再艰难的环境也动摇不了他的决心。每当走到前不着村，后不着店的荒山野地时，他便在山野树石之间找个地方休息。饿了，便找些野菜充饥，从不叫一声苦。狂风暴雨，豺狼虎豹照样不能阻挡他前行。他多次遇到强盗，把随身携带的行李物品和金钱抢劫一空，处境非常狼狈，他也绝不半途而返。一次为了到一个洞口深处探索奥秘，徐霞客竟毫无惧色地从一条巨蟒的身上跨过。还有一次，他在广西融县寻找龙岩，下山后溪水暴涨，他不慎失足落水，被卷入洪涛激流中，很久才被冲到岸边，抓住乱草爬上岸来。由于年复一年地与山水为伍，徐霞客的体质逐渐下降。对此，他不仅不沮丧，反而探索自然奥秘之志愈坚。51岁时，为了实现多年的宿愿，他又进行了“万里遐征”。他攀绝顶，钻幽洞，忍饥饿，防盗贼，所历厄运之多，所遇困难之烈是难以想象的。但是所有艰难险阻之网，都拦不住他的铁骨雄心。此行他从江西出发，途经浙江、湖南，然后走广西，越贵州，达云南，一直到了和缅甸交界的少数民族聚居地，历时达4年之久，取得了极其辉煌的考察成果。

徐霞客不畏艰险的精神，还表现在不论旅途多么艰苦，他总是把每天的经历记录下来，有时忍饥耐寒，日行百里，到晚上寄居荒村野寺中，点起油灯，就进行写作。有时露宿在荒山野地，或破壁枯树下，或牛栏猪圈旁，就点燃松明、篝火和枯草用以照明。《徐霞客游记》一书，就是他用毕生心血写成的。这本书真实生动地记述了他所到之处的地质、水文、气候、地貌、动物、植物以及少数民族的经济状况、风俗习惯等。特别是其中关于我国西南地区石灰岩岩洞的研究记录，更具有真知灼见，比欧洲人同类研究成果要早两个多世纪。

徐霞客一生凭着坚韧的毅力，超人的胆量走遍了祖国的许许多多名川大山，为我国地理学的发展，做出了卓越贡献。

动脑筋

(1)现在提倡中小学生开展适量的野外活动。有人却说,到野外走路会扭疼脚脖子,爬山有危险,吹风淋雨会感冒,顶着太阳会晒黑皮肤。如果你遇到这样的同学,应当怎样帮助他(她)克服"怕这怕那"的思想呢?

(2)利用节假日,和同学们一起到名山大川去远足,从中获取平时在校园里和课堂上无法得到的营养。

屡遭诬陷的名将

阅读提示

熊廷弼是明末著名的军事家。他打过许多胜仗，曾立下赫赫战功。但他在军事生涯中却因才华出众而屡遭诬陷。最后甚至被朝廷无端诬罪冤杀，传首级于九边。现在武昌有一条“熊廷弼路”就是后人为了纪念熊廷弼而命名的。读一读他的故事，可以对封建社会对人才的摧残有所感受，更可以从熊廷弼的磨难经历中看到人生之路的不平坦。

讲故事

熊廷弼生活的那个时代，正是我国东北女真族崛起的时候。明朝被南倭北虏拖得疲惫不堪，朝内党争倾轧不已，已走向衰落。

这时，熊廷弼被授保定推官，升为御史。他身高7尺，既有勇又有谋，熟悉军事，是不可多得的带兵将领。万历三十六年(公元1608年)，他巡按辽东，为官清廉，严于治军，因此他的部队军风大振。但由于熊廷弼向朝廷告发了巡抚赵楫、总兵官李成梁弃地驱民的罪行，受到攻击而被朝廷罢官回到乡里。后来，由于后金军队开始大举进犯中原，明朝廷派去守辽的将帅打了败仗，无可奈何之中，只好又请熊廷弼再度出山，让他领兵抗金。

熊廷弼率领着几千瘦弱的士兵，仓促出山海关到辽东。自辽东失陷后，到处都是一片混乱。熊廷弼率兵兼程前进，沿途凡遇见逃跑的军民立即下令回返。然后他督促将官和兵士造战车，制火器，挖壕沟，修城垣。他总是独自一人跑到士兵那里，鼓励他们勇敢作战。总兵贺世贤劝他说，战壕距敌营地太近前行危险，熊廷弼一笑，说："冰天雪地里，敌人不会想到我会前来，不至于有什么危险。"

由于熊廷弼亲自督战，所到之处一片安定。几个月时间，就使明朝边防力量大大加强，后金也不敢再大肆向明朝侵掠了。

正在熊廷弼的军事方略逐步在边防实施，取得显著军功之时，躲在京城朝廷中的一些官吏开始弹劾他，吏部官员姚宗文平时最嫉妒熊廷弼的才能，这次，他领头恣意对熊廷弼进行诬陷。

他匆匆跑到皇帝那里，告熊廷弼的黑状。说熊廷弼"军马不训练，将领不部署"。皇帝听了，信以为真，立即找人商议。姚宗文见上奏有效，立即煽动同党一起攻击，要求皇帝免去熊廷弼的官职。御史冯三元，因亲戚曾被熊廷弼训斥过，怀恨在心，见机会来了，也跑到刚刚即位的熹宗皇帝那里揭发熊廷弼军事无谋划的八条罪状，欺君三条罪状，并在朝中扬言："如不罢免熊廷弼辽东经略的官职，辽土就不可保存。"

消息传到熊廷弼那里，熊廷弼异常气愤。他力抗奏议，据理力辩。他感慨万分地说："辽东一带已经转危为安了，而我则要由生到死了！"由于朝廷执意坚持要罢免熊廷弼，他只好满怀悲愤回到老家。这是他的第二次起落。

第三次起落是天启元年（公元 1621 年）。这年后金军队侵占辽阳、沈阳，京师大震。朝廷上下一片慌乱，在万般无奈中，朝廷又想起了昔日的抗金名将熊廷弼。

熊廷弼虽遭诬陷，也料到此次出山前途未卜，但考虑到国家利益，自己是朝廷命将，理应为国效力，于是，欣然应允，奔赴前线。

和熊廷弼一块儿出征的巡抚叫王化贞。此人痴愚固执，向来不懂军事，好说大话，麻痹轻敌，部属文武将吏的建议都不采纳。他制定了一个错误的军事部署，熊廷弼不同意，和他争辩。皇帝下旨同意了熊廷弼的军事方案。王化贞由于自己的军事方略不能付诸实行，心怀不满。趁熊廷弼远征时，他又悄悄上书京师说，自己已被熊廷弼架空，毫无军事实权。兵部尚书张鹤鸣知道后，也怀恨在心。熊廷弼主张坚守，不要轻举妄动，王化贞却偏要轻率用兵，屡进屡退，毫无战果。但朝廷官吏仍袒护王化贞，而诋毁熊廷弼。

终于，机会来了。天启二年（公元 1622 年），王化贞听信中军孙得功的建议，率军与金军开战，而孙得功已经秘密地投降了后金。他在军中造谣说："敌军已经迫近城下。"于是城中大乱，扶老携幼，啼哭嚎叫，乱成一团。王化贞在衙门内不知内情，结果被后金军队一举攻下广宁城。

这本来是王化贞的过错，但刑部尚书王纪、左都御史邹元标，大理寺卿周应秋等高级官员联合上奏皇帝，要追究战争失败的原因，议给熊廷弼以死刑。这时宦官魏忠贤在朝专政，因对熊廷弼也存私恨，便决定迅速将熊廷弼处死。天启五年（公元1625年），熊廷弼被冤杀，其首级被传至北方9个军事重镇，尸骨弃于荒野，以示惩戒。这还不够，魏忠贤等人还诬陷熊廷弼侵吞军饷17万，派人严加追查。家产搜刮一空，株连姻亲家族全部破产。

一代名将，从此含悲而去。

动脑筋

（1）熊廷弼几次受诬陷，在这种情况下，人最容易消沉、颓唐，但熊廷弼却忍辱含垢，为国效力。他的这种精神，对你有哪些激励作用？

（2）古人是如此，在我们今天的现实生活中，冤屈现象也时有发生，遇到这种情况，你应该怎么办？

从乞丐到皇帝

阅读提示

朱元璋，是我国历史上带有传奇色彩的人物。他一生经历曲折，由一个乞丐、小行童，最后当了明朝的开国皇帝。这当然是同当时的历史环境、农民起义和社会面貌有关，但也必然得益于艰苦生活环境对朱元璋成就功业的磨难。

讲故事

朱元璋来到人间时，连做襁褓的半旧红绸布也是从河水中捡来的，当然是有钱的大户人家丢掉不要的。童年时，朱元璋家遭到一场灾难性的打击，半个月里因瘟疫死了三口人。一家人只剩下朱元璋和二哥。兄弟俩抱头痛哭后，各自出门谋生。皇觉寺邻近的汪大娘劝朱元璋，到寺里做个行童，混口饭吃。不久，朱元璋就头上光秃秃，身上穿件破袈裟，手拿扫帚当了和尚。

庙里的生活就像那不断的钟磬木鱼声一样，单调刻板。他每天扫地、上香、钉钟、击鼓、煮饭、洗衣。那个时候正是元朝末年，封建王朝的统治者非常残暴，腐败到了极点。在人祸之外，不断的水、旱、蝗灾接踵袭来，绝望的农民再也无法忍受了。这一切，关在寺里的小行童朱元璋当然不知道。不过，寺庙里大铁锅里的粥越来越稀，整个皇觉寺，不但是香烟断绝，连炊烟也快断绝了。和尚们只好被打发出去化缘。

朱元璋戴上破僧帽，拿上木鱼瓦钵，跑遍了安徽北部、河南南部和东部。

迷了路，找个人合十问讯；饿了，寻个大户人家，猛敲木鱼，讨口吃的；渴了，趴在路旁，喝一通沟渠里的水，然后继续上路；晚上就蜷缩在残破的古寺里、旁人的屋檐下睡上一觉。

在云游中，朱元璋熟悉了淮西地方的山脉、河流、地理环境，明白了这些地方的风土人情。然而，最使他兴奋的是接触到了白莲教。它宣扬崇尚光明，反对黑暗，表达了劳苦人民的愿望。朱元璋和这些人接触，开阔了眼界，增加了许多知识，开始接受了一些新的思想。艰苦的云游生活，也锻炼了朱元璋的体魄，使他在以后的农民起义军中一直剽悍健壮。

不久，朝廷的官兵到处抓起义的红巾军，烧了寺庙。朱元璋的栖身之地也被荡平了。走投无路的朱元璋，只好投奔红巾军。

参加红巾军以后，每回操练武艺，朱元璋总是出汗最多。虽说他年轻力壮，可一拿起大刀长矛来，就像老牛掉在井里，有劲使不上，不一会儿就累得呼哧呼哧直喘粗气了。看别人把刀抡得寒光闪闪，把枪使得游龙出水，再瞧瞧自己手里的家伙，朱元璋一个劲儿埋怨自己太笨。

别人安慰他说："别急别急，这也没有什么诀窍，只不过苦练罢了。"听了这话，朱元璋真下了功夫。一次操练下来，衣服湿得能拧出水。大伙都收操回营了，他仍然在校场上蹦来跳去，举石锁，练拳踢腿，动不动还找弟兄们掰手腕，练得晚上上了床浑身疼得直哼哼。没出多少日子，那功夫虽然说还比不上老兵，可也有板有眼了。队伍里的人都喜欢上这个虎虎实实的年轻人了。队长也信得过他，常派他出城去执行比较难办的探哨任务。别看朱元璋平时不大说话，可一到正事儿上，那深凹在额头下的眼睛就瞪得圆圆的。他在山野里闯荡惯了，有计谋，会随机应变，每次出城都把任务完成得圆圆满满。对于这一条，弟兄们都十分佩服。

朱元璋不光练武使劲，还用心读书。月光下，他总是独自一人学识字，日子一长，在伙伴们中间还算半个秀才。弟兄们有事，都愿找他帮着拿个主意，连队伍上的头目也常找他商量大事，不知不觉，这个新来的和尚竟成了全队的中心人物。

朱元璋就是这样凭着自己的刻苦磨炼和才智，战胜了一个又一个困难，从当士兵开始，东征西战，南征北伐，终于打败了一个个对手，建立了自己的王朝，定名为"大明"，完成了统一中国的大业。

动脑筋

(1)从乞丐到皇帝,是朱元璋走过的路。在中国历史上,你还知道哪几位类似朱元璋一样出身贫寒,遭遇艰难,最后成功大业的人?

(2)在日常学习、生活中,你打算怎样磨炼自己不怕艰难困苦的意志?

一生不幸　成果累累

阅读提示

我国明清两代，出现过不少多才多艺的文人。不过，像徐文长那样，在诗文、戏剧、书画等各方面都能独树一帜，给后世留下深远影响的，却颇为难得。他的多方面的艺术成就，与他所经受的多种磨难也是紧紧相连的。

讲故事

徐文长出生的年代正是中国封建社会走向衰落的年代。他的家族也随之走向衰落。父亲在徐文长出生百日后就死了。此后，徐文长由嫡母苗夫人抚养到 14 岁。不久，苗夫人也去世，徐文长只得随长兄徐淮一起生活。

徐文长虽然出生在官僚家庭，但家道中败，振兴无望。所以，他的童年、少年生活是在艰难中度过的，举家食粥的日子没有少过。加上他的生母又是个婢女，徐文长在家中自然毫无地位。由于封建家庭和旧礼教的束缚，他的生母很早就被逐出了家门。尽管苗夫人也将他当儿子抚养，但幼年夺母，对幼小的徐文长是一个很大的刺激。由于这些关系，徐文长一直长到二十多岁，仍在家中没有地位，常常招致两个嫡生的哥哥的欺侮。

一次，他去应试举人，在给督学官员要求复试的上书中写道："学无效验，遂不信于父兄。而况骨肉煎逼，萁豆相燃，日夜旋顾，惟身与影！"不料，这次又未考取，还被主考官员嘲笑了一通。

其实，徐文长天性极为聪慧。他6岁读书，9岁便能作文，十多岁时仿杨雄的《解嘲》作《释毁》，轰动了全城。当地的绅士们称他为神童。据说，在一次酒宴上，主人有意为难徐文长，指着席上的一件小东西请他作赋，暗中却命童仆捧上丈余长的纸卷。徐文长立身把笔，一气写尽成，惊倒了满座的人。

可是，如此才华横溢的人，却在科举道路上屡遭挫折。20岁那年，他勉勉强强地考中了秀才，此后一次又一次参加乡试，直到41岁，考了8次，始终也未能中举。而在这十几年中，他又经历了丧妻、病痛等灾难。在一番深思之后，徐文长毅然决定投笔从戎，投入到东南沿海的抗倭斗争中去。他虽然身无一文，却几次换上短衣，冒险随军队来到前线，观察形势，然后记录下战事的经过，分析成败的原因，向有关官员提出破敌的方略。这些文章大都写得比较切实，不同于一般书生的议论。

嘉靖三十六年（1557年），徐文长终于以自己的才名为总督东南军务的胡宗宪所招，入幕府掌文书。这是徐文长最能发挥才干的一段时期。无奈好景不长，不久，胡宗宪受到别的官吏弹劾，并于次年被捕押送京都。胡宗宪一走，徐文长又开始受到同僚的妒忌和反对，加上他平时本性就有些偏激，于是受到牵连，继而受到迫害。他写了一篇措辞激烈的《自为墓志铭》，而后拔下壁柱下的铁钉击入耳窍，流血如注，医治数月才痊愈。嘉靖四十五年，徐文长被关入监牢。初入狱时，生活自然是痛苦的。徐文长身带枷锁，满身虮虱，冬天雪积床头，冷得发抖，连朋友送来的食物也被抢走。

经历了如此多的磨难，徐文长对国事的关注和对艺术的追求却老而未衰。他先后留下了许多描写北地风光、民俗和军旅生活的诗文。在卖字画度日的条件下，他创作了大量的画作，成为我国大写意画的宗师，在美术史上占有很高的地位。徐文长在其胸中的一段不可磨灭之气鼓舞下，艺术上绝不依傍他人，喜好独具一格，具有强烈的个性，风格豪迈而放逸。他创作的杂剧集《四声猿》，表现出狂傲的反抗精神，成为人们喜爱的戏剧佳作。

一生不幸却成果累累，徐文长的故事给当时及后来都留下了深深的启迪。

动脑筋

“穷困潦倒不可怕，可怕的是精神潦倒。”读完徐文长的故事，谈谈你对这句话的理解。

不逐仕途的科技精英

阅读提示

宋应星是明代著名的科学家。他一生都鄙薄仕途功名，甘心在异常崎岖的科技群山中攀登。少年时期，他在心灵中播下了热爱科学的种子；青年时期更加注重劳筋骨，勤耕耘，学习有用知识，掌握真正本领。为了总结百姓，大众的生产经验，他不惜身背行囊，迈开双腿，深入到工地矿区、田间地头、手工作坊，拜各行各业的劳动者为师，最后终于写出了享誉中外的科技名著——《天工开物》。

讲故事

公元1602年，在江西奉新县瓦溪镇的小街上，一个刚满15岁的少年，好像发生了一件不顺心的事，正埋着头赶路。谁知迎面有一位身强力壮的中年人，挑着一担柴，也在大步流星地向前走。少年来不及让路，就与挑担人相撞了，还把他刚买的拿在手上的米糕撞掉了。

少年有些尴尬，马上赔礼道："是我太莽撞了，实在对不起！"他边说边弯下腰拾起被撞掉的米糕。突然，他眼睛一亮，因为他发现了包米糕的废纸上有一行大字：《梦溪笔谈》。

挑柴人接过米糕说："小相公，这张废纸也拾起来，还瞧个没完没了的干什么？"

"这是《梦溪笔谈》的书皮子。您有所不知，这《梦溪笔谈》乃是宋代沈括写的一部奇书,很有价值。今天一大早,我特意是为买这本书才来到镇上的。满以为到'文宝斋'书铺可以买到,不料却碰上了一个大钉子。

"什么?你要买《梦溪笔谈》?书中写的都是奇技淫巧,朝廷早就禁售了。"老板劈头盖脸地说。

"我听不得这话,气得拔腿跨出店门。由于买不到想读的书,心里很烦,只顾埋着头走路,才把您撞了。"少年一五一十地把买书的经过述说了一遍。

挑柴人听了少年这番话,赶忙说:"撞一下不碍事,你现在可要走好啊。"

少年仍不起步,反而灵机一动反问道:"大爷,这个卖米糕的人朝哪条路走了?"

挑柴人一边用右手一指一边说:"估计他没走多远,还能赶上。"

少年告别中年男子后登程,一口气跑了四五里路,终于追上了那位卖米糕的老人。老爷爷听少年说明了来意,觉得他这样做有点奇怪,但还是要成全他,就说:"你既然想要这些旧书页子,就统统拿去吧!"

少年接过书页子后如获至宝,他迅即从身上掏出一些钱来,硬塞给了老人。

你想知道这位追踪《梦溪笔谈》的少年是谁吗?他名叫宋应星,生于公元1587年,江西奉新人,从小热爱科学,崇敬科技名人,希望自己也能为发展生产,改善人民生活作出贡献。

然而,父母却逼着他从仕途中求功名,这样宋应星除攻读自己感兴趣的书外,还要读四书五经,以应付科场考试。

他一连考了几次,先是考中了秀才,接着又考中了举人,接着又考进士,不料却落了榜。于是,宋应星返回家乡,劳筋骨,勤耕耘,决心在科技领域开拓出一条新路来。

宋应星曾想过:人之所以能活在世界上,靠的是食五谷为生。五谷不会从天上掉下来,要靠人去种植。那么,稻是怎样种出来的呢?他想到这里,不觉皱起了眉头,因为对于这方面的知识,他自己实在一点都不懂。

一年中又到了收获的季节。宋应星带着疑问来到一块正在收割的稻田边上。田里有一个老农弯着腰,正在挥动着手上的镰刀割稻。只听"嚓、嚓、嚓"的响声,一排一排又一排的稻子顺着他的左臂躺倒了。

"老伯伯,您辛苦了,我是来向您学习的。"

"宋先生说笑话。你读书人,中过举,哪能跟庄稼人学习?再说,你应该坐在家里读书,科举求名,何必要到田间吃这么大的苦呢?"

宋应星感慨地说:“不明白生产技术学问,光坐在家里读死书有什么用?老伯伯,我到田间来是真的要向您学习呀!”

“那好。要谈如何种庄稼,我还可以说几句的。”

老农麻利地把剩下的稻子几刀割完,便与宋应星一起来到打谷场上。

宋应星在场上看到了稻子是怎样脱粒的,有的用牛拉石磙子碾,有的手握着稻秆往石板上摔……大伯告诉他:牛拉石磙脱粒,要比人快3倍;但是,留作种子的稻谷,最好还是辛苦点,用人力在石板上击取。收藏稻种不能在中午,因为烈日曝晒,谷种带着暑气入仓,明年种下田后,禾苗就要受损害,所以要等晚上谷种凉了后再入仓。

宋应星把老农说的一一记在心上,还对照打谷场上的实物、实景画了好些图画,直到天黑才离开……

宋应星和庄稼人交上了朋友,对农业发生了浓厚的兴趣。第二年开春,他在屋后也种了一小块田的水稻。

读书人学种地,说说容易,真的干起来,却难了。就拿种子来说吧,大伯曾送给他一些种子,竟都是湿漉漉的。宋应星又问上了:

“大伯,怎么这种子是水湿的?”

“嘿,这稻种是用雪水浸过的。雪水是我在冬天贮存下来的。”

“浸它干什么?”

“催芽呀。用雪水不但清洁,而且给种子先来个锻炼,就像人一样,小孩子时风里来雨里去,长大了身子壮实。”

宋应星点点头。告别时大伯又对他说:

“宋先生,稻种撒到秋田之前,还要用草木灰拌一拌,这样害虫生得少。”

宋应星回到家里,当真用草木灰拌了稻种,然后在水田一角拦出一小块作秋田,把种子撒了下去。

为了弄清草木灰能起什么作用,宋应星用指甲挑起一点,搁进嘴里尝了尝,舌头顿时感到有苦涩味。他明白了,草木灰拌种,是靠这苦涩味杀虫的,而且草木灰本身也是肥料,真是一举两得。

秋田里的禾苗渐渐长大了,宋应星照着大伯的样子,把秧苗拔起,栽插在他的试验田里。从那以后,他三天两日地向大伯讨教,小心地照看着那一小片水稻田,勤奋地除草、管水、施肥……并且把自己体会到的和大伯教给他的学问,全都记了下来。

宋应星注重研究生产实际问题。通过近一年对稻子的生产过程考察和实践，尝到了甜头，从中获得了真学问。

第三年，他又来到景德镇生产的窑坊，了解了造一个碗，一个杯，至少要经过72道工序。接着，他又到各地调查采矿、冶金、铸造、造纸、榨油以及车船、兵器的制造过程等等。他到处看，不断地记，渐渐积累了满满一箱子手稿。

公元1634年，宋应星47岁时，被派到江西分宜县担任主管教育的小官——教谕。这是一个清闲的小差使，他正好有时间把自己多年积累的文字材料、写的体会，整理成书稿。为此，他买了一间小小的草屋。

宋应星额上的皱纹一年比一年加深，头上的白发也一年比一年多了。他不分白天黑夜地写呀，画呀，改呀，抄呀，终于写成了《天工开物》。这部奇书分上、中、下三大部类。书的上部记载了谷物、豆麻的栽培和加工方法，蚕丝棉苎的纺织和染色技术以及制糖、制盐工艺。中部内容包括砖瓦、陶瓷的制作，车船的建造，金属铸锻，煤炭、石灰、硫黄、白矾的开采、烧制以及榨油、造纸方法等。下部记述金属矿物的开采、冶炼，兵器的制造以及珠玉的采集加工等。这三部又分为18卷。粮食衣服排在卷首。有个朋友问道："你为什么要这样安排呢？"宋应星答道："古代先贤曾说，'重五谷而贱金玉'，五谷就是粮食，'民以食为天'，当然安排在卷首罗！……"

公元1637年，《天工开物》正式问世。这是一本详细记述我国古代农业、工业和手工业技术，闪耀着劳动人民科学智慧的巨著。刊印没多久，这部书就被翻译成日文、法文、英文等外国文字。国外学者称它为"中国17世纪的工艺百科全书"。

动脑筋

(1)《天工开物》是表现我国古代科技成就的百科全书。宋应星为什么能够将这部伟大著作写出来？

(2)《天工开物》中有123幅插图，这些图不是在房间里想出来的，而是宋应星徒步到工地矿山、田间地头、手工作坊现场绘制的。请你设身处地想一下，宋应星在绘制这些图时会遇到什么困境？他又是怎样克服的？

坚韧不拔

阅读提示

这篇故事是写谈迁。谈迁29岁时暗暗下定决心，要写一部我国明代的史书。经过27年的含辛茹苦，他的这部书定稿了，题名《国榷》。谁知在一个月黑星隐的夜晚，盗贼竟窃走了这部书。这对于年过半百的谈迁来说，该是多么沉重的打击啊！面对这场“人祸”，谈迁不只是谴责和怨恨，而是正视曲折，重整旗鼓，坚韧不拔地向着既定目标逼进，最后终于在63岁时，第二次写好了这部书，为后世奉献出了文化精品。

讲故事

谈迁是一位历史学家。他平素生活清苦，只潜心于著述，不料56岁时，却飞来一场横祸：那是8月的一天午夜，因天气闷热，谈迁睡得很晚。当他进入梦乡时，早已潜伏在枣林里的小偷就翻墙撬门进了他的房间。

盗贼见箱箱柜柜中没有什么值钱的东西，只有厚厚的一部文稿，可能其中藏有什么秘密，便顺手牵羊偷走了。

次日天明后，谈迁发现屋内有些异常，箱柜中的衣物，本来放得整整齐齐的，怎么会七零八落地撒落地上呢？这肯定是强盗作的恶！经过仔细清点，其他东西都不少，只是他撰写的《国榷》手稿被窃了。

“该死的强盗，你怎么要偷我的心肝宝贝呢！”谈迁痛哭流涕，捶胸顿足地说。

他此时的心，犹如刀绞，因为这部书稿是他用27年的心血凝成的。很小的时候，谈迁就很用功。自己家里没有书，就到处借书来，先抄写一遍再阅读。他喜欢做笔记，书上看到的，路上听到的，只要有点意思就记下来。他读过的书中，以历史书居多。特别是写明朝历史的书，当时大约有一百多本，几乎都被他看遍了。他觉得看过的这些书，写得不太理想，他要自己动手写一部既真实又全面的明朝历史书。

谈迁29岁时动手挥笔，开始了他写历史的生涯。为了广泛积累资料，他拄竹杖，穿草鞋，顶烈日，冒风雪，来往于江浙一带的海盐、武进、丰城、太仓、临朐等地。他把看到的材料逐条摘抄，把调查访问获得的材料进行分类。在此基础上拟出书的提纲，然后以明朝建国到灭亡的时间序列，逐年逐年、逐月逐月进行编写。第一遍写好后，他又补充、修改和润色，反反复复地进行了6遍，才把稿子定下来。

《国榷》被盗，面对这突如其来的打击，谈迁经受得住吗？有人考虑到他的身体，劝他说："您已年老体衰，眼力不济，偷了算了，就把《国榷》这份心愿了结了吧。"还有人断定："谈老会重整旗鼓的，因为他做事执着，不达目的，决不罢休。"

谈迁选择的果然是后一种。他拭干眼泪，从痛苦绝望中站立起来，用坚定的态度表示："我的人不是还在吗？我的手不是还在吗？那我就从头做起，重铸事业，哪怕前景再艰难，哪怕自己白发力衰，也要坚持展纸挥笔，一行一行、一页一页再写出《国榷》。"

为了积累资料，他除了在家乡附近向大户人家借阅书刊外，还千里迢迢来到北京，前往明朝留下的寺庙、石碑和皇陵探访历史遗迹，访问曾在明朝任过官吏的显赫人物。这种查询访旧，无疑是很艰苦的事，有时还会受到讥笑，遭到达官贵人的白眼。谈迁在给朋友的一封信中诉苦说："我不善于说话，年纪又大，去拜访贵人，等候接见，往往早上去要等到中午，有时等到晚上见着面，简直受不了。北京气候又干燥，到处是尘土，身上脏得很，无处可去，就只得跑到住所两里外报国寺的大槐树下坐一会儿，算是休息。"为了写好《国榷》，谈迁不知把多少痛楚埋到了心里。他每晚以孤灯做伴，奋笔著述，含辛茹苦八九年，直到63岁时，才将《国榷》第二次完稿。这部书共108卷，五百多万字，为后人研究明朝历史留下了丰富的资料。

动脑筋

在学习和创业过程中，幻想没有曲折是不现实的。如果离胜利目标不远时，突然受到外来因素的干扰，(例如科技小组培养良种的实验，当要获得果实时，却遭到了冰雹的袭击)你要注意防止什么倾向？应当怎样做才对？

盲诗人唐汝询

阅读提示

在人才荟萃的史册里，既有体魄健壮者那健美的身影，也有残疾人闪光的足迹。本篇故事的主人公唐汝询，明末清初人。他5岁时成为盲童，后来通过拼搏，成长为著名诗人。他一生有一千多首诗问世，还出版了多本诗集，堪称是“征服黑暗”的佼佼者。

讲故事

明朝末年的一天，夜已经很深了。

我国东南松江华亭（今上海松江）地界上，只有一户唐姓人家，还亮着灯火。在近一两百年内，这户人家读书识字的人很多，在外做官的人也很多，因而被当地百姓誉为“书香门第”。

这一天，他家的几个小孩已经熟睡，只有大人们还在忙碌着、祝福着，期待着又一个小生命能够平安地降临人世。不久，从宅院内房中传出了“哇”的一声，一个新生儿呱呱坠地了。母祥子泰，一切都顺顺当当。随即有人从内房大步迈出，躬身向孩子的父亲禀告：“恭喜，恭喜，夫人生的又是一位喝墨水、当官人的相公爷。”这家老爷本来已经有了几个儿子，听说又添了相公，心中更喜。因为“多子多福”的观念在他的头脑中已根深蒂固了。

唐家的这个新生儿，取名叫唐汝询，字仲言。他1岁时，长得眉清目秀，两眼炯炯有神，两岁时能识字，三岁时已经认识两三百个汉字，还能背诵古人写的一些短诗和佳句。父母看到孩子这样聪颖，想必长大后能干出一番事业。他们越想越高兴，甚至连晚上做梦也笑出声来。

明朝末年，除了灾荒、人祸之外，疾病也在蔓延。疾病中对人危害最大的要数天花。因为那时候医疗水平极其落后，更不可能有天花疫苗。在这种情况下，人们一旦染上了这种病，不是死，就是瞎，不死不瞎也要留下一脸麻。

不幸得很，唐汝询5岁时，被这种可恶的病缠住了。

开始身上出了许多红点子，没引起母亲的重视，只是用一些解毒的草药水给他洗了洗。谁知过了一两天，这些红点子迅速扩展，膨胀为豆粒大的脓包，恶痒难耐。小汝询不得不经常用双手去抓患处。父母感到儿子的病情不妙，才赶紧请来医生，经检查确诊小汝询患的是天花。

病情还在恶化。只见小汝询的脸肿得很大，身上大大小小的脓包里渗出了脓，带着血。血胶着脓的汁液，使得他一天到晚在疼痛、恶痒中挣扎、呻吟。

为了遏止病情继续恶化，经医生多方救治，最后才保住了唐汝询的一条命。可是这次天花给他种下的祸根却是双眼失明。唐汝询从此再也看不见父母的笑容，看不见蓝天、绿树、小鸟了，再也看不见案头上的笔墨纸砚、书页上的黑字了……仿佛世间的一切都关上了门窗，四周都是黑洞洞的。这对于仅有5岁的孩子来说，该是多么沉重的打击啊！小汝询怎么会不伤心呢？他无法排解心中的忧愁，有时就发呆地坐着，一坐几个时辰。有几次父亲给他倒水喝，母亲给他递果子吃，他也不理，反而把杯子摔了，果子扔了。他的这种行为并不是与父母作对，只是为了发泄内心的愁苦。

小汝询毕竟是眼盲而心明的好孩子。过了一段时间，他的情绪安定下来了。他懂得自己年龄还小，即使眼睛瞎了，难道就不能学习知识吗？小汝询下决心要攻克难关，开辟读书学习的门路。他每天摸到书房里，与几个哥哥坐在一起，听他们读书吟诗，并把听到的文章和诗歌一字一句牢记在心里。

一个双目失明的人，要想记住许多文章和诗歌，自然十分困难。怎样攻难而进呢？唐汝询费尽心机，创造和运用了一些适合盲人特点的学习和记忆方法。

第一种是"结绳法"。他仿照古时候人们用几种粗细不一的绳子，在上面打上各种各样的"结"。自己认定什么"结"，代表什么意思。唐汝询听的时候，先打着"结"。听完后，再把自己打的"结"串通起来想一想，就能把握和记住一篇文章的脉络了。

第二种是“刀痕法”。一般孩子学习是用笔作记录。唐汝询则是使用一把一把小刀，一块一块木片或一块一块竹片作为自己的记录工具。唐汝询先让父母为他准备好这些东西，每天学习时，随着哥哥们对一首首诗的吟诵，他就用小刀在木片或竹片上刻出各种各样的刀痕，以此表示不同的诗句和韵律。

第三种是“及时复习法”。唐汝询善于把整块时间分成“长—短—长—短……”有序相续的几段时间，目的是把学习和复习安排在不同的时间段中。首先，他用一段长时间学习新东西，接着就请几个哥哥出去玩耍，而他仍坐在原处，用双手摸着绳结和刀痕，及时进行复习。哥哥们玩耍了一阵回到书房，小汝询又开始学习新东西，接着又进行及时复习，像这样井然有序，“学而时习之”，使他的知识得到了不断扩展，积累不断加厚。他的哥哥称赞说：“小弟呀，尽管你的眼睛看不见，但读的书并不比我们做哥的少，成绩也不比我们做哥的差！”

知识是助人成长的阶梯。随着唐汝询知识的增长，他的思想变得更加活跃，思维也更加敏捷，想象也更加丰富了。于是，他开始学习作起诗来。白天，他精心构思、立意，称为“打腹稿”；晚上细想、揣摩，一字一句，平仄韵脚都进行斟酌，反复挑毛病，直到自己满意后，就由自己口诵，请身边的人把诗写在纸上。他的一首首耐人寻味的诗就是这样问世的。

唐汝询一生写了上千首好诗，出了好几本诗集，如《编蓬集》《姑蔑集》等。同时，唐汝询还给一些深奥的唐诗做了注解，书名为《唐诗解》。

动脑筋

(1)天花病在全世界已经绝迹，然而几百年前，唐汝询正是受天花之害成为盲童的。面对不幸遭遇，他仍刻苦读书。为了战胜生理缺陷，提高学习效益，他运用了哪些方法？

(2)我们现在的条件与唐汝询相比，不知要优越多少倍。请你结合自己的实际，谈谈怎样学习唐汝询的精神？

科场屡落第 文坛享殊荣

阅读提示

这篇故事写的是蒲松龄。他面对多次应考落榜的困境，仍奋发图强，并注意培养自己战胜逆境，追索新目标的勇气和信心。经过数十年的生活积累和精心创作，他终于完成了稀世名著——《聊斋志异》。

讲故事

蒲松龄（1640—1715）出生在淄川（今山东淄博）柳泉的一家农户里。从小家境贫困，进入少年时代，家中收入每况愈下，待到成年分家时，只能住到没有墙壁、杂草丛生的农舍里（“惟农场住屋三间，旷无四壁，蓬蒿满之……）。生活的贫困，使他对广大劳动人民的遭遇有较深切的认识。

蒲松龄从小就爱读书，知识广博，才华横溢，19岁应童子试，成绩在县、府、道都是第一名。遗憾的是他在三年一考的省试中却屡屡败北，连举人、进士都没捞上。在清朝，大凡读书人都把进学中举、点状元作为生活的奋斗目标。如果三场考下来，榜上无名，这对功名心切的人来说，很容易灰心丧气，甚至一生潦倒下来。蒲松龄也是个热衷仕途的人。科举考试的失败对他无疑是沉重的打击。然而他没有一蹶不振，而是从失败中奋起，另立新的目标，以实现自己的抱负。下面是他落第后的“自勉联”：

有志者，事竟成，破釜沉舟。

▲蒲松龄与《聊斋志异》

百二秦关终属楚；
苦心人，天不负，卧薪尝胆，
三千越甲可吞吴。

这副对联中的“卧薪尝胆”，讲的是春秋时代，越王勾践忍辱负重、发愤复国的故事。对联中的“破釜沉舟”是指秦朝末年，项羽统率20万军队与固守秦关的一百多万秦军对阵，项羽命令士兵们把渡船沉到水底，把蒸饭的锅打碎，抱着进则生、退则死的决心，拼命向前最终以激昂振奋的斗志，击败了强大的秦军。蒲松龄用这两个成语激励自己，开拓新的道路，通过接近生活，熟悉人民，潜心著述，以求在文学创作上获得成功。

蒲松龄从25岁起开始写小说。为了广泛搜集材料，他想了一个异乎寻常的绝妙方法。每天清晨起床后，只要是天晴，就提着一只泡满浓茶的大瓷壶和几只茶杯，杯里揣着一包本地出产的烟丝，背着一条芦席，来到村外通往县城的大道旁，在一株亭亭如盖的大树下，铺上芦席，将瓷壶、茶杯、烟丝放好后，就热情邀请来往行人在此稍歇，并请他们讲一些稀奇古怪的故事或传闻。蒲松龄认真听，边听边记，当讲的人口渴时，他马上倒上一碗茶递过去；当说的人疲倦了，他又迅速递上一袋烟。蒲松龄白天听了许多故事和传闻，晚上就凭借自己丰富的想象力，进行过滤、加工和修饰，逐篇逐篇地整理好。他写作的条件极其艰苦。书案是一块白木板搭成的，至于工作的那间屋子，夏天里热得憋不住，冬天又冷得要命。然而蒲松龄从不计较这些。他每天都给自己规定了阅读、整理和创作任务，睡觉前进行检查，如果达不到预定进度，即便夜晚接着白天连轴转也在所不惜。就这样他坚持数十年、收集、整理和创作了数以千计的民间传说和鬼怪故事，以此为基础，再选优存粹，将四百九十多篇短篇小说结集成册，题名为《聊斋志异》。这部书反映了蒲松龄对社会、对人生的深刻体验，他自己称为“孤愤之作”。为什么会“孤愤”呢？蒲松龄长期生活在农村。他的家乡经常是水灾旱害，而官府照旧征税要粮，逼得老百姓背井离乡，景况凄惨。蒲松龄亲眼见到人民的疾苦，心中十分愤恨。他在给友人的一封信中说：“仕途黑暗，公正不彰……真令人愤气填胸”。他要为人民伸张正义，就借助优美的文笔，构成一篇篇怪诞神奇的人鬼故事，深刻揭露当时政治的腐败和科举制度的黑暗。

蒲松龄写的《聊斋志异》，具有想象丰富，构思奇特，情节曲折，境界瑰幽的艺术特色，是我国脍炙人口的古典名著之一。这部大作的问世，使蒲松龄千秋万代在中国文坛上享有殊荣。

动脑筋

（1）“蒲松龄落第自勉联”是什么意思？这副对联对于激励他个人积极投身生活，创作完成《聊斋志异》，最终享誉文坛具有什么作用？

（2）读一篇《聊斋志异》中的故事。

“十年辛苦不寻常”

阅读提示

曹雪芹是世界名著《红楼梦》的作者。他出生在清代一个显赫的贵族世家，在由童年步入少年时，不幸遇到了弥天大祸。由于自己家庭在清代政治斗争的旋涡中沉沦，他的生活、境遇也随之跌入悲惨的低谷。后来，曹雪芹在城市里已走投无路，不得不搬到京都郊区的一个山脚下，过着“举家食粥”的日子。《红楼梦》就是他在异常凄凉困苦的晚年写出的，用曹雪芹自己的话说：“写这部书前后用了整整10年时间，先后修改了5次（‘披阅十载，增删五次’），全书共120万字。字字看来皆是血。十年辛苦不寻常”。

讲故事

曹雪芹是魏武帝曹操的后裔。到了雪芹的高祖时，被沦为清朝皇帝的包衣（家奴）。清军进关，他家祖先也跟着打了进来，而且立了军功，从包衣一改为功臣，当了官，发了财。曹雪芹的曾祖母是康熙皇帝小时候的乳母。这样，他家和皇帝的关系更近了一层。康熙皇帝亲政以后，对曹家特别信任，让他家世袭江南织造（驻在南京）官爵，还兼管两淮盐政。

江宁织造属内务府，专管供应皇宫里的衣物。这个职务既可以捞很多很多“油水”，同时又是皇帝安插在江南的耳目。曹家担任这个官职后，便充当皇帝的亲信，暗中监视江浙地区的地方官和汉族知识分子有无“越轨行为”，有事他们可以直接写信密报皇帝。皇帝也常常写信给他们，无论什么大小事，像春秋粮价，水涝灾害……都让他们写信报告。康熙皇帝甚至在一封信中亲昵地嘱咐他们说：“不论地方上有什么大小事，都要秘密地写信告诉我。是非我自有明断。哪怕是笑话，叫老主子笑笑也好。”康熙皇帝六次南巡到南京，就有四次住在江宁织造署。曹家的显赫权势可想而知了。

曹雪芹的爷爷叫曹寅，爱好文学，写过一诗词文章，在当时很有名气。著名的《全唐诗》，就是由他主持刊印的。曹寅死后，他的儿子曹颙继任江宁织造。可是不到一年，曹颙也病死了。康熙皇帝不忍心这个忠实于他的家庭迅速衰落，就指名把曹寅的侄子曹頫过继给曹寅，担任江宁织造。曹雪芹就是曹頫的儿子。

曹家人丁不旺，曹雪芹又是接替香火的种子，一生下来，就备受家人的百般宠爱。他的吃穿用度，都是奢靡奇异，豪华精巧。家里还有琳琅四壁的藏书，玩累了可以东抽一本看看，西拿一本瞧瞧。这样，小雪芹养成了好读杂书的习惯，视野比同龄人开阔得多。

可是，康熙皇帝的儿子们不断明争暗斗，曹家先是看错了方向，不但没支持四子胤禛（就是后来的雍正皇帝），反而和他的死敌皇八子胤禩来往密切，雍正皇帝对此怀恨在心。他一登上皇位，就把曹家“曝了光”。因为曹家贪污公款，铺张浪费，花钱像流水一样，雍正皇帝就撤了曹頫的职，并把他们在江南的家产查抄了。曹家从显赫的贵族地位，一下子变成了朝廷的罪人。那时候曹雪芹才 13 岁。他小小年纪就跟着父亲“流离放浪”，由江南贬回到北京。这对曹雪芹来说，就好像是做了一场噩梦。从此，他把荣华富贵和功名利禄都看透了。

雪芹成年之后，家境更是一天不如一天。由于过去他们一家鲜衣美食挥霍惯了，没过多久就把北京那点由祖先传下来的遗产卖了个精光。这样曹雪芹在城里穷途末路，被迫来到北京西山脚下一个偏僻山村落户。此处是“野水临门”“蓬蒿满径”，只有一间用茅草盖的土屋，犹如刚被一场洪水“洗劫”过似的，屋内几乎没有一件值钱的东西。纵目一览，只有一张用绳子绷的床、一只破板凳和一张桌子以及用瓦块搭成的灶。说到收入，几乎什么门儿也没有，主要靠卖字画换几个钱过日子。在这种情境中，曹雪芹和妻子、儿子三口人怎么能填饱肚子呢？只得靠喝稀粥、吃野菜充饥。朋友们知道他的这种贫穷清苦的境遇后，无不心酸落泪。

曹雪芹受尽了贫穷、忧伤的摧残以及人世间白眼的煎迫。就像他小说中青梗峰下的那块顽石“自经磨炼”“灵性已通”，独具慧眼，看透了社会的腐朽，才终于在晚年听取朋友的劝告，发愤图文，默默著书黄叶村。

他开始写作，没钱买纸，就用废纸替代，甚至把皇历拆了，把书页反过来折上，订成本子用。他在被黑暗社会遗弃、门庭冷落、无人问津、吃不饱、穿不暖的情况下，倒能摆脱“花花世界”的种种干扰，有充分时间坐下来读书，冷静思考，潜心构思，惨淡经营，精心写作《石头记》(即《红楼梦》)。正像曹雪芹自己所说：这部著作“字字看来都是血，十年辛苦不寻常”。这种“不寻常”的“辛苦”，同他“不寻常”的身世与经历是紧紧联系在一起的。

曹雪芹写的《红楼梦》讲了贾府和史、薛、王三家是横行一方的“四大家族”。他们鱼肉百姓，骄奢淫逸，家中姑嫂兄弟明争暗斗，互相倾轧。后来，他们被人告发，皇帝派人查抄了贾府。史、薛、王三家也先后获罪破产。曹雪芹借助对“四大家族”由盛到衰的描写，揭露了地主阶级贵族集团的荒淫腐败，暴露了他们残酷压迫剥削劳动人民的罪恶，预示了封建社会必然崩溃没落的历史趋势。因此，这部书真正称得上是我国封建末世的历史画卷。它结构严谨，语言清新流畅，文字优美生动。书中塑造了许多富有典型性格的艺术形象，体现了高度的思想性和卓越艺术成就的完美统一，达到了我国古典小说成就的最高峰。

《红楼梦》问世不久，曾以手抄本的形式流传了30年。当时一部手抄本值数十两黄金。京师流传的竹枝词说：“开谈不说《红楼梦》，纵读诗书也枉然。”民间戏曲演出《红楼梦》时，观众总是泪流满面，感慨万千。后来官府把《红楼梦》列为禁书，可是《红楼梦》却在人民中间不胫而走，广为传播。到了现代，研究《红楼梦》已经成了一种专门的学问，叫作“红学”，研究“红学”的专家叫“红学家”。除中国有著名的“红学家”外，世界上还有许多国家也有红学家。

曹雪芹为人类的文化宝库创造和奉献出了珍品。他不愧享有“世界级文学艺术大师”的美誉。

动脑筋

(1)假若曹雪芹的家庭不败落,他仍朝朝暮暮沉醉于花天酒地之中,曹雪芹是不会写出这部作品的,恐怕连这个念头都不会产生。你同意这种说法吗?为什么?

(2)郑板桥说:“伤心人别有抱负”。你同意这种说法吗?请用具体的事例加以说明。

穷作家写巨著

阅读提示

《儒林外史》是一部杰出的讽刺小说。吴敬梓在创作它的时候穷得不得了，有时竟几天吃不上饭。然而他不屈服于穷愁的折磨，用尽心血创作了这部书，勇敢地向封建社会和科举制度投出了利剑。

讲故事

寒冬时节，屋外滴水成冰。凄凉的月色笼罩着金陵城。

秦淮河上那雕龙刻凤的画舫里依然灯红酒绿，北风还断断续续送来卖唱姑娘哼的小曲声。不久，金陵城墙上一伙人的跑步声将软绵绵的小曲声压倒。

跑步声越来越大。朝着声音传来的方向望去，只见六七个人影从城墙远处跑来。他们边跑步，边在口里吟诵诗文。一个领诵，数人应和。借着月色打量为首的那位，看上去有四十多岁年纪，头上正冒着汗，清瘦清瘦的面庞，穿一身破旧长衫，脚上穿的是一双布鞋。只听他对众人说："今日多亏月色助兴，我们又绕城跑了一圈。周身都暖和了。北风能逞凶乎？寒冷又奈我何！哈哈哈！今日到此为止，明日晚上跑步，仍从原地出发。"

这话说完后，参加跑步的人三三两两地边说着话，边散去了。

为首这位也下了城楼，过大街，穿小巷，回到自己家中，然后，又进入到一个小房间里。尽管这间屋子依然寒气逼人，但他刚跑完步，全身热乎乎的，就立即坐到桌案上，拨亮油灯，摊开《儒林外史》书稿，继续在上面写着，写着一直到三更才将灯熄灭。

这个伏案写作的人是吴敬梓。因为家里穷，买不起木炭生火取暖，就坚持每晚邀约朋友，沿着城墙跑步10里，以暖身御寒。他如此拼搏，是想赢得时间，创作一部巨著，了却心头的夙愿。

吴敬梓写书为什么如此困苦呢？这还得从头说起。

吴敬梓（1701—1754），字敏轩，安徽全椒人。他本来出生在名门望族，但却没过几年安稳舒心日子。

他刚满13岁时，母亲就死了。失去母爱，这是很大的不幸。父亲为了弥补这种失落，曾带着幼年的敬梓走南闯北，游览名山大川，从而拓宽了吴敬梓的视野，增长了见识。再加上从小天资聪明，读书刻苦，20岁刚刚冒头，吴敬梓就以“知识渊博，才华出众”而闻名于当地。

然而不幸接踵而来。公元1725年，他的父亲在政治斗争中沦落，含恨而死。这一年吴敬梓才23岁。

父亲的尸骨未寒，近房的叔伯兄弟便迫不及待地率领一批打手，趁着丧期混乱以及敬梓一家人处在哀伤中，如盗匪般地破门而入，在鸡飞狗跳中，将他家一切值钱的东西抢夺一空。

从此，吴敬梓的生活一落千丈。家境的变迁、坎坷的命运使他看透了富家子弟的平庸昏聩、权贵们的营私舞弊、官场老爷们的贪婪和暴虐，以及豪绅们的胡作非为等等。吴敬梓对这些东西由不满而愤恨，由愤恨而握其笔，要写出揭露和嘲讽的文字来。这就是他创作《儒林外史》的思想动机。

吴敬梓写书，真是受尽了煎熬。那时，他身上干净得没有一文钱，只有靠典当衣物换米吃。然而，家中的衣物又能典当几天？他的一位朋友曾经描述说：“近闻典衣尽，灶突无烟青。”衣物已经典当光了，烟筒里不冒烟了。可怜的吴敬梓一家人已经好几天断炊，揭不开锅了。他穷愁潦倒，无路可走，只有接受友人的接济。

有一年岁末，他正潜心写作，不知除夕将至。当他舒展一下酸疼的手脚时，才从妻儿焦急无奈的脸上，知道家中今晚已没有下锅的米了。此时孩子依偎在母亲怀里，不停地喊着“我饿，我饿”，而窗外的鞭炮声不绝于耳，隐隐地还能闻到肉香。怎么办呢？幸而有一位老朋友送来一点大米，一家人才熬了稀粥，作为年三十的团圆饭。

艰难困苦的生活，并没有把吴敬梓压倒。尽管迫于生计，他要东奔西走。然而无论在什么悲苦和困顿的境遇中，吴敬梓都不放弃自己的写作计划。相反，他利用一切机会，广采博取，注意将朋友在交谈中说的故事、社会上的所见所闻，经过构思、提炼后，写进《儒林外史》中。就这样他经过20年的努力，含辛茹苦，终于写完了这部长达30万字的巨著。

《儒林外史》从多方面刻画了士大夫利欲熏心、虚伪丑恶的面貌，暴露了封建社会的腐朽黑暗，具有高度的思想性和艺术价值。这部书不愧是我国讽刺艺术的杰作。

动脑筋

(1)"一史绘儒林，燃犀烛九阴……施罗笔调在，暴政岂能喑。"这是郭沫若为吴敬梓纪念馆题写的一首诗。请你说说这首诗的意思是什么？

(2)吴敬梓在冬天的晚上坚持跑步，用以暖身、暖足这件事，对我们有什么启迪和教育作用？

从失败中开拓成功路

阅读提示

清朝盛行科举考试。考生们一级一级考，就像沿着通向死胡同的台阶，一步一步向上爬，先是县里考，次在府里考，只是为摘取“秀才”的头衔；再在省里乡试，主要是考举人；只有一级级入选，获取了各种资格，才能赶赴京城参加会试。这就牵引了很多读书人从童年时代一直考到白发苍苍，一生在考场上沉浮，最终由于爬不出来，酿成了许多家破人亡的悲剧。本篇故事的主人公杨守敬，在少年、青年、壮年时代，也参加过十几次大大小小的科举考试，结果屡屡失败。然而，他并不沉沦，也不气馁，而是以失败为起点，从科举之路的反面，踩出和拓宽了一条成功的路来。

讲故事

杨守敬，字云鹏，号惺吾，湖北省枝城市陆城镇人，生于1839年。他4岁时父亲就去世了，一直是靠祖父教养，幼时读书，过目能诵，聪颖过人。11岁时因家庭经济困难，杨守敬辍学习商。在这段时间里，他白天学做生意，夜晚挑灯苦读，手不释卷，常至鸡鸣。由于读书能求深解，并得其深意，所以杨守敬对知识和学问颇有自己的见解和主张，在当时也小有名气，深受当地学究们的青睐。

1856年8月，正是丹桂飘香季节，杨守敬刚满17岁，正是志向远大、翩翩少年、风华正茂的时候。他兴致勃勃从陆城过长江，徒步赶赴荆州参加府考。

考场异常肃静。杨守敬在考卷上认真思考，奋笔作文，洋洋洒洒写了满卷。他觉得十分顺心，满以为通过这场考试会榜上有名，谁知发榜时却名落孙山。后来打听到，主考官冯展云很讲究文字书写的规范性，尽管杨守敬的文章的确富有才气，书写却很潦草。冯展云由于嫌他字迹不整洁，没有把文章看完，就把卷子搁到了一边。秀才没考中，对杨守敬来说无疑是当头一棒，然而这次失败却为他的人生和事业展示了一个新起点。从此他四处求艺，八方拜师，苦攻书法，刻苦练字，与书法艺术结下了不解之缘。

杨守敬学书伊始，就扎扎实实地苦练基本功。为了强化训练，需要用大量的纸。他家经济困难，不能置办很多的优质纸，就采用粗劣的纸练字。每一张8开纸，他总是运用浓淡不同的颜色书写八回。第一回用淡红，第二回用深红，第三回用淡墨，第四回用浓墨，然后把这张纸翻过来按照此法再书写4回，这样就可以大大扩展训练力度，同时也节约了大量的买纸费用。

习书须得临帖。杨守敬临帖注意师法各名家之长。他既习隶书、行书，又习草书、篆书，日复一日，从不辍笔。他写过一句“洗砚春波临褉帖”的诗，这正是他勤学苦练的真实写照。由于锲而不舍、刻意追求，杨守敬终于练就了一手好字，特别是他的行书独树一帜。就这样，杨守敬的书法“声誉大起，求书者踵接于门，日不暇给，继之以夜。”随后他的名声又远播海外，在日本甚至掀起了一股“杨守敬旋风”。不少日本人赶到中国，到处找他，要求拜杨守敬为师，向他学习书法理论，欣赏他的墨迹。经过悉心教诲，有的日本弟子情真意切地向恩师杨守敬倾述：“殷勤向我传心画”“介绍一生翰墨妙”“正是深高海岳恩”。杨守敬的书法在日本备受推崇。日本书法界尊他是“近代日本书法的掘井人”“日本书道近代化之父”。杨守敬为日本书法事业的勃兴发展，为中日文化交流立下了丰功伟绩。至今还有不少日本学者远涉重洋来到杨守敬的故乡——枝城市，参观他的纪念馆，到他的墓前顶礼膜拜。

杨守敬在书法理论方面也进行了开掘，写成了《学书迩言》，在中外刊印。他在这本专著中强调：学书“一要品高，品高则下笔娴雅，不落尘俗。一要学富，胸罗万有”。这些精辟见解，仍可作为当代青少年学习书法，弘扬我国民族书法艺术传统的指南。

杨守敬除了是著名的书法艺术家外，还是享有盛名的历史地理学家。他倾心这个领域的研究，也与考场上的失败有关。追溯起来，要从1857年说起。这一年杨守敬18岁，再次赴荆州赶考，一举考中，被认定为秀才。第二年他到武昌参加乡试却失败了。返回陆城后闲居家中，一个偶然机会，使他萌发了对历史地理学的浓厚兴趣。事情是这样。浙江有一个名叫郑谱香的学者，来陆城讲学，租了他家一间空房做学馆。

有一天，郑谱香正在晒书。杨守敬发现他有一本清人六严绘制的《舆地图》，便借来摹绘。由于摹绘得十分精真，被郑谱香惊叹为奇才。听了别人的夸奖，杨守敬真的动了心。他想，读历史应当有一部历史地图放在手边，以便随时检查历史地名的方位。自己考功名，虽未成，但只要在这个领域下功夫，一定可以大有作为，也不枉度一生。至此，他就把历史地理学作为事业发展的另一个生长点。从1859至1880年的二十多年间，杨守敬还到北京参加会试六次，皆一一落榜。落榜对他虽然不利，但他却不再气馁，反而鞭策他对自己钟爱的事业更加投入。他利用每次到北京赶考的机会，与志趣相投者切磋历史地理问题，搜集资料，日后又经过十几年努力，终于撰写出了《历代舆地沿革险要图》。这部鸿篇巨制，自春秋、战国、秦、前汉、后汉历三国、两晋、十六国、南北朝、隋唐、五代十国、宋、辽、金、元至明，共分34册装订。多幅历史地图集的绘制成功，不仅是对我国地理学的巨大贡献，同时也是我国文化史上一次前所未有的杰作。1949年后，史学界准备编纂《中国历史地图集》巨著时，毛主席还提议以杨守敬的这部历史地图为基础，足见这部著作的科学水平和现实意义。

杨守敬的一生没有能从考场上获取功名，然而他锐意进取，另觅他径，并不断拼搏，终于在科学和艺术领域，取得了丰硕成果，作出了卓越贡献，为他的人生和事业赢得了辉煌。

动脑筋

(1)杨守敬在多次应考、多次失利的情况下，为什么能干出一番大事业？

(2)宏伟的建筑有赖于坚实的基础。杨守敬苦练基本功，对他后来成为书法大师起到了什么作用？

(3)考试失败虽不如意，但你能不能从中体验到别的什么东西来？

攻克难关创办实业

阅读提示

今日中国，开办一个二三百人的工厂，是件普普通通的事情，一点也不稀罕。可是，一百多年前，当第一家由中国人投资，采用机器生产的近代化工厂出现在中国古老土地上的时候，确实是一件了不起的事情啊！本篇写的“继昌隆”，是中国近代史上的第一家私人企业。它是由陈启源攻克难关，不畏挫折，历经风险而创办的。

讲故事

陈启源出生在广东省南海县一个叫简村堡的村子里。他自幼聪明，喜爱读书，除熟读四书五经外，对天文、地理、算学都有浓厚的兴趣。他博学多识，很早就在家乡出了名。然而，在生活和创业的道路上，陈启源却遇到了重重难关险阻。

首先是生存关。陈启源一家，兄弟7人，他是最小的一个。开始，家里还能维持温饱，后来家境渐渐衰败，生活日益困苦。父母兄弟，去世的去世，夭折的夭折，只剩下他和二哥陈启枢长大成人。兄弟二人为维持生计，只好在村里一边种田，一边教书，挣点钱勉强糊口。不久生活越来越困窘，为了生存，二哥于1852年离家出走，下了南洋。

南洋是指今天的东南亚一带。这个地区气候湿热多雨，土壤肥沃，盛产大米、橡胶、油棕、香料、甘蔗等热带经济作物，地下矿产也很丰富，早在19世纪初期，英国等西方列强就把这个地区变成了他们掠夺原料、倾销商品的殖民地。他们还在这里开办工厂、矿山，建立大规模的橡胶园和甘蔗园，直接榨取当地人民的血汗。劳动力不够，他们就到中国沿海一带去拐骗。许多穷苦的中国农民，为谋得一条生路，不得不离乡背井来到南洋，到资本家的工厂、矿山去做工，或是经商。这就是所谓下南洋。

陈启枢到南洋后的第三年回过一次家。他对村里人说：自己在安南（即越南）开了一个小店。当他重返南洋时，把弟弟陈启源也带走了。

兄弟俩到南洋后要闯过的难关是：如何扩大经营，把生意做大。他们原本开的是一个小店。不久，他们发现，西方商人对中国生产的丝绸很感兴趣，常常大批购买。这个发现启发了哥弟俩：做丝绸生意是一项能赚钱的买卖。于是，他们决定专门经营丝绸。这样一来，陈氏兄弟果然抓住了机遇，很快就赚了一大笔钱。在这个基础上，他们增加投资，扩大铺面，生意越做越大。经过 18 个寒寒暑暑的苦心经营，他们终于成了南洋一带有名的丝绸富商。

当生意一派兴隆之时，他们又发现中国生产的丝绸虽然很受欢迎，但是因为是手工生产，设备落后，在数量和质量方面都不能满足买主的需要。陈启源就对哥哥说："我们回乡办一个用机器缫丝的工厂呢？"陈启枢听后表示同意。兄弟二人商定：陈启枢留在南洋继续经商，为办厂提供经费；陈启源带一笔钱回家乡创业。

1873 年，陈启源心怀办厂蓝图回到了阔别已久的简村堡，在这里却遇到了传统偏见的讥讽和传统势力阻碍。因为当时的中国社会奉行的是"重农轻工""重农轻商"的传统习俗。刚回到村子时，人们羡慕他，祝贺他。

"听说你在外面干得不错。这次回乡看看，打算住多长时间？"有人问他。

老人们捋着胡须说："是呀，回来买点田地，置点家业，真该过过清闲舒适的日子了。"

有的青年猜想：说不定他是想当官。现在不是时兴用钱买官吗？这一回，他准能捞个大官当了！

猜来猜去，谁也没有猜对。陈启源既没有买田地、置家产，也没有到官府里去活动钻营。不久，还是陈启源自己向村里人宣布："要在家乡办工厂！"

陈启源的打算，立即遭到几乎所有人的反对。有些人干脆骂陈启源是个疯子；有人讥讽他是"异想天开"。

这些话陈启源都没有放在心上，他想："偏要试试，我就是要异想天开，把工厂建起来！"

万事开头难，更何况是在中国古老大地上创办第一个近代化工厂，其中遇到的困难真是不可想象。开始，陈启源亲自动手，设计了工厂的图纸，又拿出几千两银子，购买建厂房用的土地，向国外购买了一批机器。万事俱备，只等安装好机器就可以开工了。没想到，恰恰在安装机器上碰到了一个大难题！当时，机器都是用蒸汽机作动力的。陈启源偏偏没有买到蒸汽锅炉，买到的却是船上用的锅炉。这种锅炉必须经过改装才能使用。可是，许多人连机器都没有见过，谁来改装呢？陈启源是个硬汉，从不在困难面前折服，他凭着自己在国外十多年的见识和经验，带着几个人，一边摸索，一边试验，一连干了八九个月，终于把锅炉改装成功，解决了工厂的动力问题。

陈启源回到家乡一年多以后，简村堡响起了机器的轰鸣声。一座占地四十多亩，设有缫丝房、锅炉房、焙茧室、藏茧室，拥有三百多名男、女工人和职员的缫丝厂建成开工了。陈启源给它取名叫“继昌隆”。

工厂开工以后，陈启源想了许多办法，提高丝的质量。继昌隆厂生产的生丝光滑、匀净、洁白，销路越来越广，订货单接连飞来。英国、法国、美国的商人也纷纷前来订货。继昌隆厂的生丝打入了国际市场，赚得了大笔利润。中国第一家私人企业就这样站稳了脚跟。

“继昌隆”厂规模不大，设备和今天的工厂相比也很落后。除了缫丝机由蒸汽机带动外，其余工序都必须靠手工来完成。尽管如此，小小的“继昌隆”却作为中国民族资本主义企业诞生的标志，已经写进了中国近代史！

动脑筋

(1)陈启源创业前遇到了哪些难关？他是怎样战胜这些难关的？

(2)在中国近代企业发展的历史上，陈启源可以称得上是“第一个吃螃蟹的人”。你读了这篇故事后受到了什么启迪？

打工者成了飞行家

阅读提示

公元1895年，中华民族处在深重灾难之中，广大人民难于聊生。广东恩平县的冯如，迫于无奈，漂洋渡海到美国打工。他在极其艰难的条件下，努力克服文化和专业知识底子薄的困难，逐渐迷恋上了飞机制造和飞行事业。为此，他经历了失败的痛苦、火灾的打击以及机坠后的死里逃生等种种磨难，最后才获得成功。1910年冯如驾着自己制造的银燕飞上蓝天，无论从飞机的性能，还是他本人驾机飞行的高度，都创造了当时的世界之最。

讲故事

冯如是广东恩平人，1883年出生在一个贫苦农民的家庭。

疾病和贫穷往往是孪生兄弟。由于家贫如洗，冯如的四个哥哥在贫病交加中，一个个离开了人世。

冯如的童年时代，有着独特的爱好和兴趣。他喜欢摆弄东西，曾用火柴盒等小物件制作轮船、机器模型等，形象十分逼真。然而因为穷，他只读了几年书就辍了学。12岁时，为了寻求活路，小冯如不得不含着眼泪，告别双亲，跟着一位同乡到美国去打工。

冯如小小年纪，在美国旧金山耶稣会里充当小杂工。不久，冯如又辗转到纽约的一家工厂当工人。他白天干活，晚上到夜校补习英语和科技知识，经过10年的艰苦实践和刻苦学习，掌握了三十多种机械制造方法。

1903年，美国莱特兄弟的飞机上天试飞成功了。冯如听到这个消息，受到很大震动。他也要制造飞机，迎头赶上美国人。

1906年，冯如从纽约回到旧金山，开始研究制造飞机。他查阅了许多关于飞机原理的著作，然后制作飞机模型，取得经验后，才正式试制飞机。

然而好事多磨。当他向当地华侨筹集到约1000美元资金，制成的第一架飞机，却飞不起来。不久，制造厂又不慎失火，把冯如制造飞机的材料都烧掉了，真是祸不单行呀！但是冯如不灰心，又接二连三地克服困难，在一个十分简陋的工棚里继续研究。第二架飞机终于制好了。可是只飞了几丈高，却突然坠地。冯如死里逃生。

还要不要继续试制飞机呢？面对死亡的挑战，冯如毫不畏惧，意志更加坚强。从此，他更加忘我地钻研飞机制造技术。

一天，他正在思考怎样改进飞机的设计，突然看到一只老鹰在空中翱翔。他想，老鹰为什么能在空中自由飞翔呢？于是仔细研究老鹰翅膀的飞行动作。他又找来鸽子，计算鸽子的双翼和身躯，终于找到了改进的方法。经过刻苦顽强的工作，在1910年6月，冯如制造的第三架飞机终于试飞成功了！喜讯传来，人们奔走相告，正在美国从事革命工作的孙中山先生，也亲临试飞现场参观。他紧紧拉着冯如的手高兴地说："我国有你这样杰出的人才，是大有希望的。"

1910年10月，冯如带着自己制造的飞机，参加国际飞行协会的飞机比赛。他的飞机以每小时105公里的速度，飞行了三十多公里，获得第一名。飞行协会发给他优胜证书。冯如为中华民族赢得了荣誉。

1911年3月，冯如怀着救国的热忱，带着自己制造的两架飞机，飞回到了故乡。4月8日，他在广州燕塘作了飞行表演。这一天，远近群众数万人前来观看。中国人驾驶飞机飞上了蓝天。飞机越飞越高。观看的人群也沸腾起来，人们欢呼这中国历史上从来没有过的壮举。

冯如是我国第一个飞机制造家和飞行家，他为我国的航空事业作出了杰出贡献！

（1）冯如最初是一个贫贱的打工者。为什么他能从一个穷孩子成长为一个响当当的飞机制造家和飞行家呢？他在创业的过程中遇到了哪些磨难？他又是怎样去战胜困难的？

(2)马克思曾经说过这样的话，在科学的大道上是没有平坦大道可走的，只有那些在崎岖小路上攀登的人，最有希望达到光辉的顶点。读完冯如的故事，你对马克思的这段话有哪些新的理解？